JN221087

子どもの「集中力」を育てる
聞くトレ
聞く・見る力を改善する特別支援教育

上嶋 惠
子どもの教育研究所所長

※各トレーニングの流れと目的は「聞くトレのメニュー」（26ページ）をご覧ください。

はじめに

私はこれまで、学習面や社会面に問題のある子どもたちを対象に、トレーニングを実施してきました。私の教室でトレーニングを受ける子どもたちには共通する問題がありました。

それは「情報入力」の問題です。

まず、聴覚的情報入力の主な問題としては、聞くべき指示を聞き逃す、簡単な指示を1度では理解しにくい、簡単な指示でも複数になると聞き取れない、などが挙げられます。

さらに、これらの問題は聞くことだけではなく見ること、つまり視覚的情報入力にも関連してきます。ゆっくりしっかり見られない、漢字を正しく写せない、文字を読み飛ばしたりして文章が正しく読めない、書くことが苦手、また簡単な絵が描き写せない、などの問題です。

これらの聴覚的、視覚的情報入力の問題が改善できれば、学習効果はもっと高まるはずです。

社会に出れば仕事においてもコミュニケーションにおいても、「聞く」ことは最低限必要な力になり、問題の早期改善は必要不可欠です。

これからみなさんにお伝えするトレーニングは、ポイントを押さえれば誰にでも簡単にできるものです。これまでの実施経過は、『1分間集中トレーニング』(学陽書房、2008)、『3ステップ聞くトレーニング』(さくら社、2013)などでも述べてきましたが、子どもたちにトレーニング効果が出てくると、学習中の失敗数が減少します。そして、そのことが子どもたちの学習を楽にします。

その結果、自分に自信をもてるようになり、自尊感情も高まります。

つまり、このトレーニングは「聞く」ことに重点を置きますが、子どもたちの「よく聞く・よく見る」学習習慣を形成し、学習意欲と集中持続力を高め、理解力や学力を高めることまでできるのです。特に、学齢の違いや学力の遅れ具合にかかわらず、最終的に他者による学習支援を減らせることになる点では、総合的・効果的なトレーニングです。

このトレーニングで用いるのは、主に数字、ひらがな、絵カードの3つです。

たとえば、数字を使ったトレーニングでは、1けたの数字をどんどんノートに書かせます。子どもたちは数字を書くだけの簡単な活動なので負担を感じることなく始めます。ところが、すぐに彼らが抱えている課題が浮き彫りになってきます。書くスピードにムラが出て書き遅れたり、急に数字を思い出せなくなったり、数字を書き間違えたりすることですぐに作業を放棄したりもします。

さらに、作業と作業の間に指示される条件（「読み上げられる数字をそのまま書かないで1つ多い数字を書く」などの指示）を聞き逃して、作業に大失敗してしまい、パニックを起こす子どももいます。これらの行動は日々学校の教室でも起こっていることでしょう。

そこで、聞き逃しが問題だったことをフィードバックし、落ち着いて聞けるように支援することで、徐々に失敗しても落ち着けるようになってきます。このように「聞く」トレーニングのなかで気持ちのコントロールもできるようになるのです。


このトレーニングは、聞くことだけでなく、見ること、作業を続けること、ワーキングメモリを働かせること、そして、活動中の失敗の切り替えを速める学習もできるトレーニングなのです。

トレーニングを数か月続けると、子どもたちは家での宿題を楽にできたり、決められた範囲の作業にすぐに取り組めるようになったりします。やがて保護者から「子育てが楽になった」、学校の担任から「落ち着いてきました」と告げられることも出てくるでしょう。

さらに続けると、学校の成績が上がり始めます。上がり方は子どもの状態によって異なりますが、これまでの実践から、「聞く」ことができ、見ること、考えること、覚えることに改善が見られると、学習・作業・活動すること、気持ちのコントロールにまで改善が見えてきます。こうした子ども本来の力が新しく身につくことが、学校の成績を上げるのだと思います。

ではトレーニングに入る前に、私の教室に来た子どもの様子を次ページから少し紹介しましょう。きっとみなさんの周りにもイメージが重なる子どもがいると思います。

小学6年生
陽介
フラ
フラ
明日の変更がわかった人はプリントをしまって算数のドリルの3番を始めます
はい
ゴツ
ゴツ
それでは始めますよ
えっ
ねえ先生はなんて言った？
えっ、ああ始めるって
こら、おしゃべりしないでちゃんと聞いてなさい！
はい…
はい、始めて

この問題
わかる人
はい
はい
はい
………
テストを
返しますね
陽介くん
ちゃんと授業
聞いてるの？
聞いていれば
できる問題
だよ
聞いてるよ
放課後
陽介ー
あっ
またか…
ごめん
ごめん
これじゃまた
補欠かぁ…

宿題中…
こら、ちゃんと集中しなさい！
ここは…
聞いてるの？
チラ
イラ
イラ
イラ
イラ
30分で終わるような問題が2時間かかったわね
バタン
あっこらまた聞いてない…
学校で先生の話をちゃんと聞いているのかしら？

教室の子どもたち①

いつも落ち着きがない

陽介くん（小学校6年生）の場合

「おれ、勉強苦手」と言いながら入ってきたのは陽介くん。「聞いてもわからないし、覚えられない」とやや投げやりモード。「勉強なんてそんなものだよ」と言うと、「そんなことはない。苦労しなくてもできるやつはいる」とのこと。

陽介くんはすでにADHDと診断され、服薬も続けています。しかし、いつも落ち着きがなく、学習もうまくできていないことがお母さんの心配ごとでした。

彼の学習や行動を邪魔しているものは何でしょう。原因を探るべく、ちょっとしたテストをしてみました。絵カードの上に白いコピー用紙を重ねて、絵カードの輪郭をなぞってもらう簡単な写し絵の課題です。コピー用紙の下にある絵カードの絵はうっすら見えるだけ。推理力も必要です（125ページ参照）。

でも、陽介くんは、推理力以前に、目で線を追うことや、見えた線をとらえながら鉛筆を動かすことなどがうまくできませんでした。一生懸命取り組もうとはしていましたが、とても見えずらそうでした。おそらく低学年のときから、見える物と同じ内容を書くことはあまりうまくできなかったのでしょう。ボールを目で追えないのも、そのせいだと思います。

加えて、一生懸命書いている間も体のあちこちが動いている状態です。体も、目も、耳も、ガサガサ動きながら作業しています。体を静止させて集中することは難しいようでした。

陽介くんには、作業や活動をするときに適した自分の体の状態を身につけるためのトレーニングが必要だと考えました。効果が出れば、学習面にもいい影響が見られるはずです。

ハルト
小学4年生
はじめまして
上嶋先生
よろしくお願い
いたします
はい
こちらこそ
ハルト
勝手に
触っては
ダメでしょ!
はい…
キョロ
キョロ
すぐ気が散って
落ち着きが
なくて……
知的な問題は
ないと言われていますが
なぜか人の名前が
覚えられないんです…
お友だちの
名前も…
観察中
……
ゴツゴツ

4年生でしたね
国語は苦手ですか？
漢字がとても苦手です
すわって…
あと運動も苦手で
この前も体育の跳び箱で…
体育の時間
次、ハルトくん
ピッ
はいっ
バタバタ
だいじょうぶ
ということがあったそうなんです
他にも縄跳びや鉄棒も苦手で…
いたかった〜

トレーニング数回後
ハルトくんは運動は苦手？
うん ボクには運動は無理
そうか 動物は好き？
うん！
それなら いいこと 教えてあげる
後日
先生に言われた乗馬を始めてみたんですが
すっかり気に入ってすごく上達したんですよ
うん
他のことにも積極的になって跳べなかった跳び箱も跳べるようになってクラスのみんなからも一目置かれるようになったそうです
学校でも乗馬ができる子なんていないから自信がついたみたいで
ねっ
エッヘン
よかったわね がんばったのね

教室の子どもたち②

不器用なところがある

ハルトくん（小学校４年生）の場合

「はじめまして」。あいさつをきちんとできる可愛い男の子が来ました。

でも、すぐに落ち着きなくあちこちを見回しはじめ、続いて体も動き始めます。お母さんからは、「ハルトは真面目に勉強するのですが、つまらない間違いが多いためにいつも成績が悪いんです。特に漢字は苦手で、それが本人の最大の悩みになっています」との訴えがありました。運動面について質問を重ねると、不器用なところがあり、自転車もなかなか乗れなかったとのこと。

苦手だという漢字が書かれているノートを見ると、バランスの悪い文字が並んでいます。送りがなを間違えていたり、線が１本足りない漢字もあります。

そこで、目の前で漢字を書いてもらうことにしました。あえて、習っていない漢字も入れてみました。一度よく見てもらってから、次に字を隠して書いてもらいました。似てはいますが、少し形が違います。しかし、もう一度見せてあげると「そうか！」と言って今度は正しい文字を書くことができました。どうやら問題は深刻ではないようです。

次に考えたいのは運動面。これまで水泳、体操教室、トランポリンクラブ、といろいろ挑戦してきましたが、どれもなかなかうまくはできませんでした。

まず、ハルトくんの〝(動物)好き〟や〝得意〟と組み合わせて「できた！」を増やすことが必要です。自信がつけば苦手なことにも前向きに挑戦できる力が生まれるはずです。

小学1年生
かな
国語の時間
わかりますか？
はい
はい
……
給食の時間
……
モグ
モグ
休み時間
外でみんなと一緒に遊んできたら？

体育の時間
あれ かなちゃんは？
知らない
1年2組
ガラッ
あらー かなちゃん どうしたの？
もうみんな体育館に集まってるわよ 次は体育って言ったでしょ
！
早く体操着に着替えて行きましょう
体育館
みなさん お水を飲んでください
はいっ
ゴクゴク
ゴクゴク
ゴクッ

かなちゃんは
あまりお水を飲まないし
トイレに行っている
様子もないわね
スッ
放課後
バイバイ
ただいま
おかえりなさい
大丈夫？
……
ぐったり…
上嶋先生の教室
勉強はできているんですが…
何か問題があるんでしょうか
そうですね
ちょっと心配になりますね
全体の速度や
周りの子どもたちの
動きにうまくついて
いけてないようですね

教室の子どもたち③

自分の思いどおりにしたい

かなちゃん（小学校１年生）の場合

小学1年生のかなちゃんは、笑顔の可愛い女の子です。お母さんの感じている問題は2つありました。1つは、よく知っている人に会ってもあいさつをしないこと。「ごあいさつは？」と何度促しても聞こえないふりをして、そのまま通り過ぎてしまうそうです。次に、ちょっと注意したり、していることをやめさせようとしたりしたときにすねてしまうこと。体の力を抜いてクニャクニャの人形のようになり、そのまま長い時間動かなくなってしまいます。なんだか可愛いですけど、おうちの方はこれでは困りますよね。

この「ごあいさつスルー」と「からだグニャリ」の行動が、ただのお得意のポーズなら心配はありません。でも、どうやらそうではなさそうです。そのほか、好き嫌いも激しく、順番や場所のちょっとした変更にも応じようとしないとのこと。

これは、かなちゃんが大人の要求を受け入れていないということ。つまり、「○○しましょう」を聞かずに、自分の思いを通しているのです。したがって、かなちゃんには他の人からの要求に応えることができる力をつけるトレーニングを行うことにしました。これは人と人の思いをつなぐ力に通じるものです。

トレーニングは指示されたとおりの行動を、数字やかな文字を使って行うもの（74ページより参照）。不思議なことに、これが指示を出す側の思いに対応することになり、今まで狭かった受け入れ態勢を広く変化させていきます。トレーニングが進めば、苦手なことに対してちょっとした抵抗を見せることがあっても、行動できるようになると思います。

小学4年生
翔太
漢字テストを返します
はい翔太くん
漢字テストはどうも苦手だね
あとで残って練習しようね
……
イライラ
翔太どうだった?
ヒョイ
見るなよ!
わーわー
やめなさい2人とも
うわあー
……

放課後
漢字の練習 もう一度 しようね
えーっと
えっと
うわーん
できないー
翔太くん おちついて
上嶋先生の教室
…
あれ〜!?
翔太くん なんで 言ったことと 違ったことを やってるの？
ムッ
ピタッ
座ったまま 50分が経過…
……
はい では 今日は これで終わりです
さよなら
はい さよなら

先生　僕が悪かったよ
ごめんなさい
はい　わかりました
すみません　先生
いえ
大丈夫ですよ　まだ2回目ですから
これからですよ
今日も学校でケンカしたらしくて理由は言わないんですよ
うわぁ
イライラ
家でも気にいらないことがあると泣いたりするんです
息子が何を考えているのかわからなくて…
翔太くんは自分の困っていることが自分でも理解できないからイライラしてしまうんです
トレーニングで徐々に落ち着いてきますよ　もう少し待ってあげて

教室の子どもたち④

社会性に課題がある

翔太くん（小学校４年生）

大きな目が印象的な男の子がやって来ました。ソファに腰かけて静かに本を読んでいます。でもその顔は、ちょっと不満げにも見えました。

翔太くんはクラスの友だちによく文句を言われるのだそうです。その状態が続き、とうとう「教室では勉強しない」と宣言。今は特別支援学級で勉強しています。

そこで、翔太くんの抱える問題を明らかにするために「自分以外の人から出される指示に全力で対応しなければならない」というトレーニングを受けてもらうことにしました。

トレーニング開始から数分。いくつかの数字を読み上げていると、書き間違えたのか、おもむろに書いた数字を消し始めました。でも数字はどんどん読み上げられます。案の定、翔太くんは「僕、消していたからもう1回言ってください」とお願いしてきました。

そこで、彼にアドバイスをします。「間違えたときは消さないの。そのまま上から書き直すの。そうしないと次の数字が書けないでしょ。次からは消さないで」。その後、トレーニングを再開しましたが、翔太くんは再び間違え、そして前回同様、文字を消し始めました。「翔太くん、書き続けて」と声をかけたときです。「そんなの無理だ！」と彼は怒り始めました。

これが問題の1つです。自分の行動を変えないで相手を責めたのです。相手が自分と異なる考えをもっているときに、自分ではなく相手が悪いと考えて怒ってしまうのであれば、友だちとの間でもトラブルが増えてしまいます。トレーニングは問題を浮かび上がらせてくれる効果もあります。子どもが抱える困難をできるだけ早めに知り、改善策につなげたいですね。

聞くトレのメニュー

ステップ1

1「聞く」態勢をつくる

ステップ1　指示に対応しながら体の動きを止め続ける

トレーニング① 床に静かに寝る

ステップ2

2 指示を聞きながら書く

ステップ2-1　指示に対応しながら点や線を描き続ける

トレーニング② ぐるぐる書き

トレーニング③ 番号打ち

トレーニング④ 点つなぎ1

トレーニング⑤ 点つなぎ2

トレーニングの目的（育てる力）

着席姿勢で聞ける力

合図に反応できる力

多動性をコントロールする力

ステップ2-2　指示に対応しながら数字を描き続ける

トレーニング⑥　数字の聞き取り
トレーニング⑦　数字を考えながら書く1
トレーニング⑧　数字を考えながら書く2

ステップ2-3　指示に対応しながら文字を書き続ける

トレーニング⑨　3文字言葉の聞き取り
トレーニング⑩　3文字言葉（2語）の聞き取り
トレーニング⑪　4文字言葉の聞き取り
トレーニング⑫　3文字言葉を1文字抜いて書く（例：きいろ→きろ）
トレーニング⑬　3文字言葉を2番目の文字から書く（例：とけい→けいと）
トレーニング⑭　4文字言葉を1文字抜いて書く
トレーニング⑮　4文字言葉の2番目の文字から書く

ステップ2-4　絵や図形を見ながら紙に描き写す

トレーニング⑯　絵カードを描き写す
トレーニング⑰　絵に色を塗る

聞き続けられる力
見る力
指示を正しく聞き取る力
正しく書き続ける力
他人のペースに合わせられる力
いつでも聞ける力
考えながら聞く力

ステップ3

3 言葉を考える・作る・覚える

ステップ3-1 聞いた言葉から考えて書く

トレーニング⑱ 最初の文字が同じ言葉を書く（例：うさぎ→うなぎ）

トレーニング⑲ しりとり言葉を書く（例：とまと→といれ）

トレーニング⑳ 最後の文字が同じ言葉を書く（例：もうふ→とうふ）

トレーニング㉑ 18～20までのランダムな指示に対応する

トレーニング㉒ 友だちの答えを聞いて書く

理解する力

ステップ3-2 反対語を考えて書く

トレーニング㉓ 反対語を書く（例：あさい→ふかい）

トレーニング㉔ 反対語を覚える

覚える力

ステップ3-3 単語から文章を作る

トレーニング㉕ 絵カードを見て文を作る（例：りんご＋うさぎ→うさぎがりんごを食べました）

トレーニング㉖ 漢字カードを見て文を作る（例：花＋水→花に水をやりました）

トレーニング㉗ つなぎ言葉のある文を作る（しかし、だから　など）

文章化する力

トレーニング体験者からの感想

以下は、教室の子どもの変わっていく姿を見た保護者の感想です。

息子は集中が続かない、指示がわからない、協調運動に問題があり、慣れないことはとても不安という状態で、小学１年生のときの音楽会は全く参加できませんでした。補助の先生がついて、参加を促してくれてできることが増えていきましたが、結局、舞台に上がることさえしませんでした。

ところが、２年生では今まで見たこともないような緊張の面持ちでの入場でしたが、しっかり舞台に上がりました。そして、他のお子さんと同じように合唱し、振り付きの詩の朗読もできました。

今年は舞台に上がれるかなと不安な思いで見ていた私は、息子の成長にびっくりし、思わず目頭が熱くなりました。

上嶋先生から指導を受けるようになってまだ３か月ですが、先生からはまず集中すること、指示に従うことを教えてもらいました。今までは苦手なことを避けようとする部分がありましたが、徐々に取り組もうとする姿勢が見受けられるようになってきました。

集中して聞けるようになってきたことから、内容の理解が進み、できることが増えてきた結果なのかなと思っています。

序章

「行動」と「聞く」の問題

私の教室には、子どもの行動と学習に悩む保護者が訪れます。ほとんどの方は学校や教育関係者、医師や知り合いの保護者の紹介で来室します。

読者のみなさんには「聞く」ためのトレーニングを始める前にまず、最近訪れた2人の保護者と子どもの様子を紹介します。それぞれの問題点をみなさんも考えてみてください。特に「聞く力」の有無に焦点を当てて考えてください。

小学校低学年のAくんは、ちょっとせっかち。来室するときも、お母さんがチャイムを押してドアを開けると同時に、つないでいた手を振りほどいて玄関から猛ダッシュです。

あいさつもそこそこに、型はめゲームを夢中で始めるAくん。遅れて入ってきたお母さんが「『貸してください』を言わずに触らない約束でしょ」と声をかけますが、Aくんはどこ吹く風。聞こえているのかいないのか、次から次へと場所を移動しながら目につく物に触ります。

お母さんに手を引かれてようやく着席したAくんは、満足したらしくにこやかな表情でした。その表情に私までうれしくなってしまいます。

2人目のBくんは中学生。教室に入ってもお母さんの後ろで硬くなって立ったままです。お母さんにあいさつを促され、慌てて「よろしくお願いします」と硬い小さな声であいさつしてくれました。

私は「一番気になっているのは何ですか?」とお母さんに問いかけました。するとお母さんがBくんに「どうなの?」といきなり質問の矛先を向けました。Bくんはさらに固まり、話す余裕もなくなった様子で黙っています。

さて、問題点は何でしょうか? お母さんの言葉にすぐ対応せず、自分のしたい行動を続けるAくんと、お母さんの言葉には敏感に反応するけれど、対応ができないBくん。それぞれの行動に影響を与えていると思われる認知能力や障害の特徴に違いはあったとしても、2人とも深刻な「聞く」ことに関する問題を抱えていると考えられます。

「聞く」ことができるというのは、その言葉に対応できるということ。**言葉の意味を理解できても、次の行動ができないのであれば、それは〝「聞こえた」だけ〟です。**周りの大人が、「本当はわかっているんだろうけれど……」と思っていても、反応が伴わないのであれば、**真の意味での〝「聞く」ことができた〟ことにはならない**のではないのでしょうか。

つまり、「本当はわかっている」Aくんの行動や、聞いたことの正しい理解が難しいBくんに共通しているのは、**指示の言葉に正しく対応できていない「聞く」の問題**なわけです。

実際、「聞く」の問題については、子どもの行動や発達に関する文献、研究会の討議の中でもよく取り上げられています。たとえば、学習中に指導者が指示を出したにもかかわらず、指示を聞き取れない**「聞き逃し」**、指導者が指示を出したことはわかっているけど、内容をはっきり聞き取れないための**「聞き返し」**、指導者の指示を聞き、おおまかな内容は聞き取れるが、正確に聞き取れない**「聞き違い」**などがあります。

教室の子どもたちの「聞く」問題となる行動にはいくつかのパターンが見られます。「だいたい聞く」「ぼんやり聞く」「聞きたいことだけ聞く」「ときどき聞く」「できるだけ聞かないようにする」、さらに「聞こえたけど何もしない」などは、「聞く」に関する深刻な問題行動ととらえてよいでしょう（詳しくは42ページ）。

「聞く」の問題を改善するには

では、これら「聞く」の問題を改善するにはどうすればよいのでしょうか。

私は**どんな子どもでも「聞く力」をつけることができると**思っています。そのためには、**大人の改善しようと思う強い意欲が必要**です。しかしながら、これがなかなか難しいのです。

私の教室には教育に携わる保護者が何人かいましたので、希望される方に実際にトレーニングを実践してもらったのですが、これがなかなかうまくいきません。トレーニング課題を所定のルールに従って読み上げる、というテクニックの習得だけでは不十分なようです。どうすればうまくできるのかを意欲的、意識的に探求する姿勢が必要なのです。

加えて、子どもの「聞き取りにくい」つらさについては、誰よりも理解できていなければなりません。そうでないと子どもが「聞く」ことができていないときの指導者の助言がただの叱責になりかねないからです。

そして、子どもたちの聞き取れる回数が増えることを誰よりも願い、そのことを子どもたちより喜べること（子どもには、聞き取り力が向上しているという自覚はあまりないようです）が必要なのはいうまでもありません。

本書を見て、改善のためのトレーニングを自分でも実践してみよう、と考えている方はまず、前記についてご理解、ご確認をいただけたらと思います。そのうえで、熱意や探求心をもって取り組んでください。

■「聞く力」がつくと変わる子どもたち

最初に行うべきは、子どもが**「スタート」「ストップ」の合図に正確に反応できる習慣をつくる**ことです。

多くの子どもたちにはなんらかの問題があって、これまでの生活で「聞かない」習慣をつけてきています。ところが、当の子どもたちは「聞いている」と思っているわけです。

よって、合図と同時に行動するトレーニングから始め、自分が「聞いている」ことをしっかり実感し行動させます。大人の声に耳を傾ける子どもの姿勢づくりが、学習や行動、生活に何よりも大切なのです。

2番目に行うのは、子どもの**学習の妨害要因になっている主な行動を改善する**ことです。例として挙げられるのは、多動と過緊張、他者への関心が低い自閉的要因などです。これらがくせものです。

トレーニングでは、聞こうとする自分の注意力を保ち続ける力をつけることに注力します。そのためには、「聞く」ときに力まずに動かない静止状態を続けること、興味があまりもてない指示でも最後まで「聞く」習慣をつくっていくことが、必要だと考えています。

そして、3番目に行うのは、**聞き取って、理解することができるセンテンス（文章）をできるだけ長くする**ための練習です。

「聞く」ことに問題のある子どもたちには、単語には反応できますが、長いセンテンスには反応できないケースが見受けられます。本来は全文を理解して反応すべきですが、指示のうち、ある単語のみに反応して行動をしてしまうのです。そのために聞き間違いが起きたりすることもあります。

この全文を正確にとらえる力は国語力の獲得にも通じますので、しっかりと定着させたいものです。

ここまでをまとめてみましょう。

1.「スタート」「ストップ」の合図に反応する。
2.「聞く力を妨害する要因」を取り除く。
3.「長いセンテンス」の指示を聞き取る。

これらの3点を押さえることで、子どもたちは「聞く」ことができる子に変わっていきます。

子どもたちに「聞く力」がついてくると、会話が続いたり、ムダなおしゃべりがなくなったり、新しい言葉をどんどん覚えていくようになったりします。

その結果、友だちができたり、相手に親切にできたり、〝自分が自分が！〟という態度が抑えられたりします。そして、多動と過緊張、自由すぎる行動も改善が見られるようになります。

そこまで変わるかな？と思われるかもしれませんが、私の教室の子どもたちは実際にどんどん変わっていっています。

1

「聞く」態勢をつくる

ステップ

1
指示に対応しながら体の動きを止め続ける

床に寝る

↓

脱力する

↓

時間を長くしていく

ポイント

床に寝る

突然の指示に対して正しく反応することがトレーニングの目的です。静かな部屋で、大人は指示する以外の言葉はできるだけ発しないようにしましょう。無意識に体を動かしている子どもには小さな声で声をかけて修正します。

脱力する

リラックスをして、「聞く」ことにもっと集中する態勢をつくります。まずは10秒間、自分で自分の体を止め続けられるようにします。そよ風が感じられるような、全身脱力ができるよう助言してあげてください。

時間を長くしていく

じっとして寝ている時間を徐々に長くしていきます。最大1分間が目標です。1分間体を止めて大人の声に集中できるようにしていきます。それができるようになると、多動性はかなり改善されるはずです。

先生 こんにちは
バタ バタ
トレーニング 始めますよ
よく聞いてね 床に寝ます
手を体の横に 背中もおしりも 手も足も まっすぐに してじっと寝て ください
ふうって 背中の 空気も 抜いて
今から10数える間 じっと寝ているのよ 手も足も動かさ ないでね
いち… にい… さん…しい 動かないで
ゴソ ゴソ
ほら 足が 動いてる
体は やわらかく

詳しいトレーニング方法は45ページ

子どもは本当に聞いていないのか？

この本で登場する4人のように認知や行動の問題で悩んでいる子どもたちばかりが「聞く」ことに問題を抱えているというわけではありません。むしろ、学校の教室にいる子どもたちのほとんどに「聞く」ことに関する問題があるのではないかとさえ感じてしまいます。

彼らの「聞く」の問題には、その「聞き方」にいくつかの行動パターンが見られます。代表的なものは、**「だいたい聞く」「ぼんやり聞く」「ときどき聞く」「聞きたいところは聞く」**の4つ。それぞれに違いはあっても、どれもしっかり聞かない（聞けない）という行動に変わりありません。

そして、これらの行動が子どもたちの**学習や、集団行動、交友関係での失敗要因にもなっているのです。**

行動パターンにはさらに、「できるだけ聞かないようにする」「聞こえたけど何もしない」など、本人の意志が感じられる行動もあります。これらは学習や集団活動を阻害しかねず、かつ深刻な問題行動に発展するかもしれない要注意の行動で、先の4つの行動とは別にとらえます。ここではシンプルに、まず前述の4つの「聞き方」に焦点を当てて考えてみましょう。

では、子どもたちはなぜ、聞けないのでしょう。本当に聞けないのでしょうか。

私はどの子も聞けると思っています。聞き方を知らないのだと考えています。

これから私が取り組んでいる方法を紹介していきます。もし、ご自身でやれそうだと感じたところがあれば、ぜひ実践してみてください。トレーニングを進めていくにしたがって、どの子も「聞く」ことができるのだということを、実感していただけると思います。

■「始め」「終わり」の合図に正確に対応する

学校の教室で子どもたちが先生の指示や合図に反応しないために、学習が滞ってしまうことはないでしょうか。

たとえば先生が、「国語の本を開いて、昨日の続きから読んでみてください」と言ったとき、教室の子どもたち全員がその合図で読み始めることができるでしょうか。それができていれば、授業はもっとスムーズに進むでしょう。

しかし実際の教室では、10ページの陽介くんのように友だちに先生の指示を教えてもらう子どもがいたり、指示自体に気づいていない子どもや、指示は聞こえていたけど行動に移さない子どもがいたりします。

これらの問題は、子どもたちの不真面目さのためだと一般的にはとらえられることが多いのではないでしょうか。しかし、私はそうではないと考えています。

先生の指示や合図に正確に反応するためには、常に「聞ける」姿勢とすぐに行動できる態勢が必要です。教室の様子からは、「聞く力」も「聞いて反応する力」も何かに妨害されているように思います。

これらの原因は、多動性や行動ブレーキに関係する衝動性（行動制御）にあると私は考えています。子どもたちの不真面目さのせいではないのです。

多動性や衝動性をできるだけ軽減することができれば、「聞き続ける」「聞いて考える」「聞きながら考えて反応する」などの行動が楽にできるようになるのです。

これにより、子どもたちの学習のロスは軽減されることになります。結果として学力にプラスの影響も出てくるでしょう。

よって、何よりも最初にしなければならないのは、この行動制御だということになります。

しかし、多動性や衝動性の問題を軽減するには時間がかかります。これまですでに学習の遅れが出ているのであれば、その期間すら惜しいですよね。

私は、多動性や衝動性の問題改善のための目標期間を2か月と設定しています。しかも、その2か月間に同時に学習の目標も達成していくことを考えています。つまり、**子どもたちは3か月目には、学力を含めた行動に何らかの変化が見られる**ことになるのです。

この子どもたちの「聞く」問題を改善しながら平行して学力を高めるトレーニングの実践方法を次にご紹介していきましょう。「始め」と「終わり」の合図に反応できるようにすることが指導目標です。

トレーニング①

床に静かに寝る

ステップ1
レベル★☆☆

❶最初に、子どもたちに床に「寝る」ように指示します。

おへそを上に向けて、手も足も伸ばして、ただ静かに「寝る」ように伝えます。

❷子どもたちに大人が「5」数える間(約10秒間)じっとしているように指示します。

「5、数える間はじっとしていてね。手も足も動かさないでそのままでいるのよ」

「数えるよ。(ゆっくりと2秒おきに)1、2、3、4、5」

「はい、そうっと起きて」

というように指示を出します。ただし、数える声はあくまでも静かに。体育の授業のような声は必要ありません。

トレーニングとはいえ、突然「寝る」ことを指示された子どもたちのなかには、拒否やためらい、戸惑いを見せたりして、行動に移せない子もいるでしょう。ここは大人の工夫が生きるところです。

最初は、手にそっと触りながら安心できる状態で寝る姿勢を続けさせてもよいでしょう。それでもできないときは、自分の寝やすいマットの上で寝ることや、座った姿勢で机に伏せるだけでもOKです。とにかく指示に反応することが目標です。

このトレーニングでは、子どもには「寝る」行動を指示していますが、**「寝る」ことが目標なのではありません。大人の声に正しく反応することが目標なのです。**

これが最初の「聞く」トレーニングになります。

指示に対する子どもたちの行動が伴うまで、いくつかの段階をへる必要が生じることもありますが、その際にも大人は、できるだけ指示以外の余計な声は出さないようにします。これが子どもたち自身に「聞く」行動を体感させるための必要条件になります。

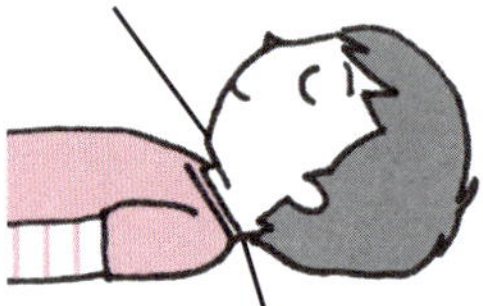

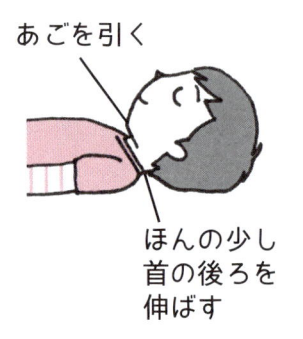

多動を自分で止められるようになる

指示を受けて「寝る」行動をとっている子どもたちを観察してみましょう。よく見ると、40ページのハルトくんのように手でときどき服を触る子や、なかには顔をかいたり、足の指をもぞもぞ動かしたり、クスクス笑ったりする子が見られます。

最初の「寝る」は10秒間。たったそれだけの短い間でも、体が動いてしまう子どもたちの多いことに驚かされます。

これらはすべて多動とみなし、一人ずつフィードバックします。たとえば、「今、手が動いているよ」「足もじっとできる?」などと声をかけていくのです。そうすることによって、これらの行動も自然に減少してきます。つまり、このトレーニングは「聞く」トレーニングでありながら、多動を自分でコントロールするトレーニングでもあるのです。

聞き逃し、聞き間違いも減る

「寝る」のトレーニング時間は、10秒から始めて、15秒、20秒と徐々に長くします。最初の時間を短く、「できた」状態で終わらせます。最終的には1分間、子どもが静かに「寝る」ことができるようになることが目標です。

私の教室でのトレーニングは週に1回なので、保護者の方にはご家庭で1日1回、同様に行ってもらうことを宿題にしています。寝ている間は、手も、足も動かず、背中も手足の指も顔の表情もゆったりできることが目標の姿勢です。毎週、少しずつ時間を延ばしてもその姿勢を維持できるように練習していきます。

このトレーニングで子どもたちは、多動になりやすい自分の体を他者の合図で止められるようになります。さらに、自分で自分の体をリラックスさせることもできるようになります。

私の教室でも、学習中しんどくなったと感じた子どもが「先生、ちょっと寝てもいい？」と断って床に寝ることがあります。これも自分で自分の体をコントロールするスキルの一つです。

多動がコントロールできるようになるのと平行して、聞き逃しや聞き違いも減ってきます。というのも「寝る」行動を続ける練習は、連続して指示を聞き続けるトレーニングでもあるからです。子どもたちは寝ている間、集中して大人の数える声を聞き続けています。これは学習時に大人の指示や説明を聞くことに通じます。結果として「聞き逃し」や「聞き違い」が減るという効果も出てくるのです。

こうして、「床に寝る」トレーニングにより、多動をコントロールする力と「聞く力」が備わっていくのです。

2
指示を聞きながら書く

ステップ

2-1

指示に対応しながら点や線を書き続ける

ぐるぐる描き（着席）

⬇

番号打ち

⬇

点つなぎ

ポイント

ぐるぐる描き（着席）

椅子に座って、3つのルール（58ページ）を守りながら、紙にぐるぐるとうず巻きを描きます。「寝る」のトレーニング（トレーニング①）に続けて行うと効果的です。「寝る」→「着席」のトレーニングから続く集中があることで、次の指示がいつでも聞こえる姿勢を養います。

番号打ち

指示に従って点に連番を書き込んでいきます。単純ですが、指示を聞いていないとできないことを実感できます。ざわざわするようであれば、「床に寝る」トレーニングを再び行ってから取り組むとよいでしょう。

点つなぎ

スタートの合図と同時に番号順に点を直線でつないでいきます。ストップウォッチでタイムを計りますが、時間を競うものではなく、最後までできるだけ早く完成させる姿勢を習慣づけるものです。将来の就労にも大切な姿勢です。

次はこの白い紙を使います
??
今から その白い紙に らくがきをします 紙が真っ黒になるまでぐるぐると線を描き続けます
ぐる ぐる
でもよく聞いてください らくがきには3つの約束があります
1つ目 鉛筆の芯を折ってはいけません
2つ目 線が紙からはみ出してはいけません
3つ目 先生のスタートとストップのかけ声に合わせてください
スタート
チッ チッ
ストップ
いいですね
ハイ ハイ
それでは用意スタート
カチッ
ぐる ぐる
ぐる ぐる
ぐる ぐる

2 指示を聞きながら書く

詳しいトレーニング方法は57ページ

「寝る」から「着席」して聞くへステップアップ

教室で何らかの問題行動が見られる子どもたちのなかには、見落とされてもおかしくない程度の小さな多動や筋肉の過度な緊張が見られるケースがあります。これにより、教室での聞こうとする力も妨害されていると考えられます。

そこで「聞く」力をつける最初のトレーニング課題には「寝る」を設定し、まず筋肉の過度な緊張を改善しました。このトレーニングで、子どもたちは全身の脱力と静止状態を体感します。

次に行うのが、着席姿勢での「ぐるぐる描き」(らくがき)です。このトレーニングは、「寝る」トレーニング(トレーニング①)をしたあと、すぐ続けて行うのが効果的です。たとえば、「寝る」を30秒したとしたら、「はい、そうっと起きて、席についてください」と指示を出します。着席を確認できたら、「では、次のことを言いますから、よく聞いてください」と、着席姿勢で「ぐるぐる描き」の指示を「聞く」トレーニングを始めます。

この「ぐるぐる描き」トレーニングでも、子どもたちはトレーニング前の指示を聞くことから、その後の「スタート」「ストップ」の合図まで、指示に集中して行動を続けることになります。「寝る」トレーニングで行動制御を自分の力でできた子どもたちが、ステップアップして**着席姿勢でもしっかり聞けるようにする**のが目標です。

「聞く力」のアップは、学力のアップにもつながるので、このように難易度を上げながら継続していきます。

子どもの「聞く」力の問題は大人の発言も影響

先にも触れましたが、聞いているようですべてを完全には聞いていない、注意して聞いていたのではなく、そのときたまたま聞けていただけ、という子どもたちがいます。

席を離れて遊んでいたわけでも、大声でしゃべっていたわけでもない子どもたちが、簡単な指示をたびたび聞き逃がしてしまいます。「え？　聞いてなかったの？」「そこだけしか聞いてないの？」とこちらが驚かされることもしばしばです。

こちらもつい「何度も、何度も同じことを言わせないでよ」とか、「どうして、いつもそうなるの！」とキレてしまったり、「あーぁ、またぁ」といったあきらめの感情を口に出してしまったり……。そのように言うことによって、子どもたちに「聞く力」がつくなら問題はありませんが、決してそんなことはないですよね。むしろ、子どもによくない影響を与えてしまいます。

子どもたちには、これまでの失敗経験の連続によって、大人の発言に思った以上に神経質になっています。大人の心ない発言は、子どもの心を深く傷つけます。また、その発言を聞く周りの子どもたちに、他人の失敗を見下げるような習慣を身につけてしまうこともあるかもしれません。これでは、子どもたちを指導しているはずが、誤った方向に導く結果となってしまいます。**指導する側は決して、キレたりあきらめたりしてはいけないのです。**

子どもたちの「聞く」様子に不適切な対応を返すことがないよう注意していただいて、ここから説明する着席姿勢でのトレーニング方法を読み進めてください。

■着席姿勢で「聞く」力をつける

このトレーニングは、これまでの私の経験では、30秒から1分間くらいの時間の「寝る」トレーニング（トレーニング①）をクリアしてからスタートすると、効果がはっきり見えてくるように感じています。

まずは「寝る」トレーニングを定着させることを心がけて先へ進みましょう。

② トレーニング

ぐるぐる描き

ステップ 2-1
レベル ★☆☆

「寝る」トレーニングに続けて行います。

❶ 床に寝ていた子どもたちに、

「静かに起きて席についてください」

と指示を出します。

❷ 52ページのようにB4サイズの白いコピー用紙を配ります。

子どもたちは、それを見るとすぐに、「これで何するの？」「わー真っ白」などの声を出すことがあります。そのひと言の感想だけで静かになれば問題はないのですが、たて続けにどんどんしゃべり続ける子どもがいれば、指導の出番です。

「もう一度、さっき寝ていた場所に寝てください」

と、子どもたちを寝かせ、再び「寝る」トレーニングを行います。

20秒ほど数えて、

「はい、静かに起きて席についてください」

と同じように言います。

このように「聞く」ことが苦手な場合、作業は静かにできていても、作業と作業の間の学習ムードがぷつんと切れた瞬間に、私語が見られることがあるのです。

実はこの着席姿勢のトレーニングでは、その問題改善を第一目標としています。作業と作業の間にも軽い集中があり、次の作業への指示がいつでも聞こえる姿勢が必要だからです。

❸ 目標が達成できたようでしたら、着席できた子どもたちに

「今からその白い紙にらくがきをします」

と言います。

そして、次のように続けます。

「らくがきといっても、花や車を描くのではありません」

「ただ、線を描くのです。その紙が真っ黒になるまでぐるぐる線を描き続けます」

「よく聞いてください。今からするらくがきには3つの約束があります」

「1つ、鉛筆の芯を折ってはいけません」

「2つ、紙からはみ出して机に線を書いてはいけません」

「3つ、先生のスタートとストップに合わせます」

これらは、長いセンテンスの指示ですので、スピードや言葉の間隔に注意してください。

トレーニングは、ストップウォッチを使用し、開始合図から10秒間でいったん止めます。

子どもたちは、指示どおりの行動がとれたでしょうか。なかには、らくがきしながら隣の子を見る子もいます。集中に問題がある、または指示理解に自信がないのかもしれませんので、隣を見ないようにすることを促して、もう一度やり直すことにします。

④ そして、もう一度全員に、今描いた紙にらくがきを続けるように合図を出して、ストップウォッチで計測します。今度は、30秒から40秒。紙が真っ黒になるくらいまで続けます。

このように着席姿勢でぐるぐる描きを続け、スタート、ストップの合図に敏感に反応するトレーニングをするのです。

ただしトレーニング中、大人はスタート、ストップ以外の指示は出さないこと。「姿勢をよくするように」など、ときどき必要最小限の助言を与えるだけでよいのです。ほめ言葉も必要ありません。このことは必ず守ってください。

なかには頭を机に近づけすぎたり、鉛筆を折ってしまったり、机にはみ出してぐるぐるを描いてしまったりする子もいますが、そんなときも徐々に改善される様子を見守ったり軽い助言だけで、らくがきの途中では強く注意はしません。まして、静かな緊張を壊すようなジョークなど決して言わないようにしてください。

穏やかさとにぎやかさの区別を大人が示すこと。それが、「聞く」姿勢には大切です。

このぐるぐる描きを終えたあとに、もう一度、床に寝るトレーニングを数十秒すると、子どもたちの体の動きの制御と「聞く」姿勢の両方が、より短い時間でコントロールできるようになっていることでしょう。

点をいくつか書いた紙を配ります
よく聞いてください
紙の下に今日の日付と自分の名前を書いてください
ココ
では始めます 紙の真ん中にあると思う点の横に数字の1を書いてください
5月7日かな
5月7日ハルト
その点から見て一番下にあると思う点に2と書きます
今度は一番上にある点を見つけて3と書いてください
次は左に行って4
一番右に5……

次は
好きな
ところに6
6から離れた
上に7
下のほうに
8
好きな
ところに
9
9から
斜めにいった
ところに10
では次です
さっきと同じ
ようによく
聞いて
ください
点1を見て
ください
1から順に
線でつないで
いきます
スタート
ただしできるだけ
直線でつないで
ください

詳しいトレーニング方法は66ページ

スタート・ストップの合図を聞けるように

「聞く力」が弱いと思われる子どもたちの学習は、「聞く」ことがどうすることなのかを体感することからスタートします。最初の課題は、大人のスタート・ストップの合図にきちんと対応する力を養うことです。指導者の合図「スタート」で瞬時に始め、「ストップ」ですぐにやめることができるようにトレーニングするのです。

そのときはもちろん、子どもの動きや作業の正確さも見ますが、チェックするのはそれだけではありません。まず、**子どもたち自身がスタート・ストップの合図を聞いていることを確認**しましょう。誰かの反応を見て動いているのではだめです。さらに、次の合図を聞くために注意深く待っている様子が確認できれば最高ですね。

もしできていなければ、子どもたちの「聞く力」を妨害しているものが何か、今一度、確認してみてください。

たとえば、子ども自身が体を静止できずに絶えず動いていたり、緊張（習慣によるものも含めて）で全身に無駄な力を使っていたりしないでしょうか。

ここまでに説明してきたとおり、実際、このような行動が見られる子どもたちには、聞き逃したり、聞き違いをしたりすることが多く見られます。**子どもたちが正しく「聞く」ためには、少し戻ってこの静止行動での問題改善から始める必要があります。**

それらをふまえて、次のステップに進んでいきます。

■正しく行動できる聞き方

ここから説明するのは「聞く力」を学力につなげる方法です。子どもたちがただ音に注目して聞くだけでなく、正しく行動できる聞き方、さらには考えることができる聞き方を身につけることを目標にしています。

「聞く力」を学力につなげるためには、トレーニング①（45ページ）の「床に寝る」トレーニングを1分間行ってから実施するのが効果的です。まず、体を自分の力で止める練習から始めるのです。

子どもたちは、自分の体が微細に動いていることも、数秒ごとに声を出してしゃべっていることにも気づいていないことがほとんどです。だから、自分でそれに気づいてもらうことが必要なのです。

子どもたちが私の教室に来るのは週に1回ですが、できれば週1回ペースなら3か月間はこの方法を続けてみてください。そのあとは「床に寝る」トレーニングを省いてもかまいません。
続けて、57ページの「ぐるぐる描き（らくがき）」トレーニングから始め、これから紹介する「番号打ち」へと挑戦していきます。

③トレーニング

番号打ち

ステップ 2-1
レベル ★☆☆

❶ はじめに、静かな学習ムードのなかで着席している子どもたちに、不規則に10個の点が並んでいるプリントを配ります。

「これから言うことをよく聞いてください」

このときも、子どもたちの聞き方をよく見てください。常に子どもたちの行動に注意をはらうことで、問題改善のヒントが出てくることが多くあります。大人が声を出すときは、子どもが「聞く」ときです。そして、そのときは大人が観察するときでもあるのです。

❷ 子どもたちを観察しながら、次の課題を与えます。

「たくさんの点がありますね。それらの真ん中の点をさがしてください」

子どもたちが指示どおりにすぐに真ん中の点をさがしているかどうか、ここでも子どもの行動をよく見るようにします。指示に反応していない、隣の子の行動を見てから反応している、などがあれば、チェックしながら次の指示を与えます。

「今、見つけた真ん中の点を1とします。この点が1だとあとでわかるように、数字の『1』を点の近くに書いてください」

「これから、他の点にも番号をつけますので、よく聞いてつけていってください」

この指示は、長いセンテンスであるため理解が遅い子もいます。〝番号1〟ができずに困っている子どもには、さらに説明を加えて〝番号1〟をつけられることを確認してから次へ進めてください。

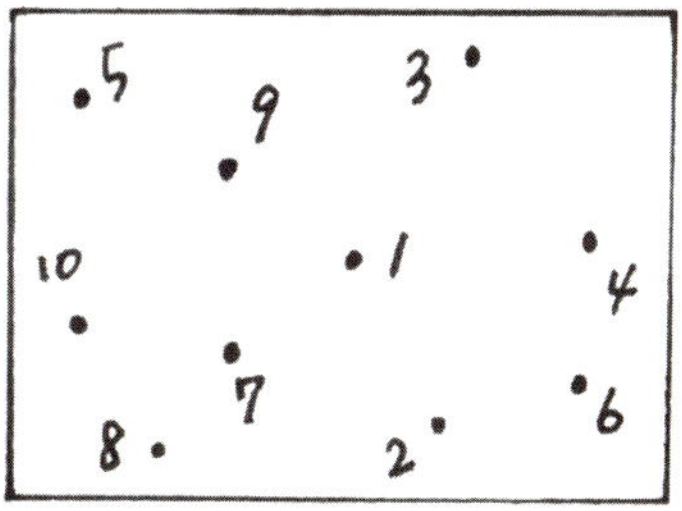

3 〝番号1〟以降の指示は遅すぎず、早すぎず淡々と進めます。

「真ん中の1の点からずっと下に下がって、一番下の点に2をつけてください」

と指示し、全員書けているか確認します。続けて、

「また、真ん中の1の点を見て、その真ん中の1の点から一番上にある点に3をつけてください」

「次は、真ん中の1から一番右の点に4」、「真ん中の点から一番左の点に5」、「次は1からまた下に下がって、番号のない他の点に6」、「次は左のほうに行って7」

という具合に、用紙のできるだけ端のほうから番号をつけるように進めます。

番号のつけ方は、いつも真ん中の点「1」から始めますが、あとの番号は毎日同じでないほうが、子どもたちは緊張感をもって聞けるでしょう。ここでの点の番号づけは、トレーニングに慣れてないときや、幼児などには10までの番号か、20までの番号にしてあまり負担のないようにするのがよいと思います。

目標は数字を書くことではなく、大人の指示を聞き取ること、聞き続けることなのです。だから、聞き返しや、聞き逃しなどのない作業をさせることが重要です。軽い緊張感をもって正しく聞き取れば、誰にでも正しくできる課題ですから、続けることでどの子も「聞く」ことだけに集中できるようになります。

④ トレーニング

点つなぎ1

ステップ
2-1
レベル
★★☆

次の課題は、正しく聞き取る作業を発展させたもので、自力で最後まで見続けて取り組むことができるようになるための課題です。

子どもへの指示は、淡々と普通の声で行います。大きな声や特別ゆっくり話す必要はありません。そのほうが聞き取る力を高めることにつながります。

❶ トレーニング③で子どもたちが番号をつけたプリントを使って、次の課題へと進めます。

「次にやることを言いますので、よく聞いてください」

「点に番号をつけたプリントをよく見て、1から順に線でつなぎます」

「ただし、線はできるだけ直線でつないでください」

と言いながら、黒板などに手本を見せるとよいでしょう。そして、

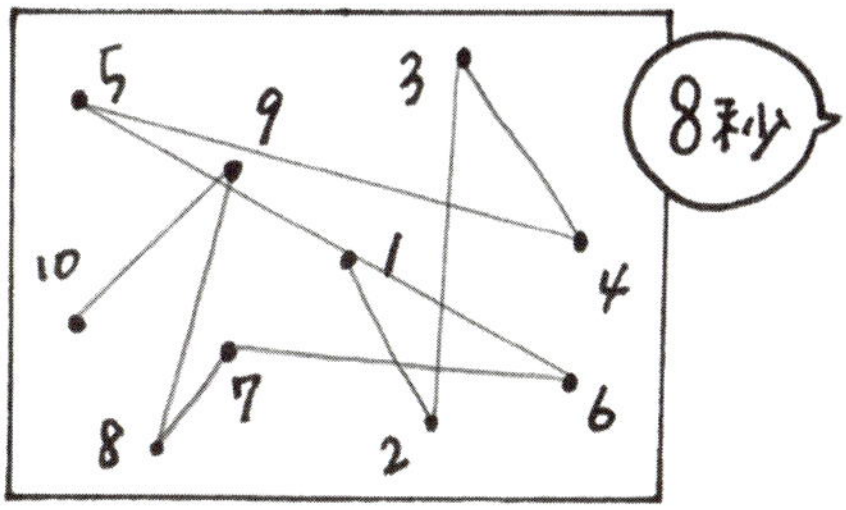

「最後までつなげた人は、『できました』と声を出してくださいね」

指示が伝わったようであれば、

「では始めます。スタート」

と合図します。

❷ 合図と同時にストップウォッチで計測し、「できました」と誰かが言ったら、そのときのタイムを知らせて、その子のプリントに書かせます。これを最後の子どもができるまで続けます。

この線つなぎ作業中に聞こえる、他の友だちの「できました」の声は、作業が遅れがちな子どもや集中が続きにくい子どもたちのよい刺激になります。だから私はこの方法をとっています。

番号打ち&点つなぎトレーニング2

点が20個つけられたB4サイズのコピー用紙を配ります
1~10までの数字を10個のときと同様に点の横に書いてもらいます
10まで書けたらプリントを右隣の子に渡してください
続けます好きなところに11……
右に12
好きなところに20
はい終わったら左隣の人に戻してね
ここから赤鉛筆と黒鉛筆の両方使います
とっても難しいことを言うのでよく聞いてください
最初に20の点を探してください
見つかったら赤鉛筆で20の点を押さえて説明を聞いてください
20から逆に19、18と点をつないでいきます
10までいったら黒鉛筆に持ち替えて9、8と1まで点をつなげます
最後まで線がつながったら「できました」って言ってください
始めますスタート
できました
45秒

詳しいトレーニング方法は72ページ

⑤トレーニング

点つなぎ2

ステップ
2-1
レベル
★★★

線でつなぐことが上手になってきたら、線をつなぐ指示を変えるとよいでしょう。たとえば、点が40まであるとしたら、

「40から始めて、1まで逆につなぎなさい」

とつなげる順を逆さにします。

また、番号つけのときに、1から20までの数字を2回に分けてつけるようにして、

「最初は赤鉛筆で1から20、次は黒の鉛筆で残りの1から20につなぎなさい」

と指示します。

ほかにも、1から20の数字を2回に分けてつけ、「20から1」の順、「次は1から20」の順、と数の大小を逆にして組み合わせたり、1から40までの数字の偶数だけを赤鉛筆でつなぎ、残りを黒の鉛筆でつなぐなど、指示をだんだん複雑にしていくこともできます。

これにより、「聞く力」は「聞き取る力」、「理解する力」に近づいてくるでしょう。

このような指示のステップアップを行う際は、大人が子どもたちの力をよく見て、達成できそうな課題を与えることが大切です。

トレーニングでは、大人の観察力が成功の鍵になると考えています。

子どもたちが、今の自分の力よりもほんの少し上の力を出さないとクリアできない課題に適切なタイミングで巡り合えたら、それは、指導が最高であるという証なのです。

ステップ

2-2

指示に対応しながら数字を書き続ける

数字の聞き取り

↓

考えながら数字を書く

ポイント

数字の聞き取り

読み上げる1から9の数字をマス目ノートにそのまま書き写させます。マス目の大きさは全員が同じである必要はありません。静かな状態で始め、読み上げている間は、子どもをよく観察してください。読み上げのスピードがポイントです。

考えながら数字を書く

読み上げる数字に少しだけ計算をして書かせていきます。読み上げる数字より「2少ない数字」や「3多い数字」などを書かせます。読み上げスピードは子どもに合わせますが、読み上げに気を取られすぎず、子どもが遅れずに書けているか観察してください。

マス目のあるノートを使います
月 日
これから数字をたくさん言います聞き逃さないように全部書いてください
ノートのマス目の1行目の最後まで書いたらすぐに2行目まで書き続けてください
いいですか言いますよ
2、5、3、2、9、3、6、8、1、4、5、7…
はい、よくできました
次はもう少し速くなりますがんばって書いてください
4、6、7、9、5、3、9、5
え～と7、9、5、3
声を出してはいけません
続けますよ
7、1、6、9、5、2…
では答え合わせをします
赤鉛筆に持ち替えてください合っていたらマルをつけてください
4.6.7.9
5.3.9.5
7.1.6.9.
5.2
全部合っていた人は手をあげて
ハーイ
ハイ!
ハイ

2 指示を聞きながら書く

詳しいトレーニング方法は80ページ

合図の出し方に注意をはらう

これまで、発達障害などが原因で、子どもの体が絶えず動いてしまうことが「聞く」ことを大きく妨害していること、さらにそこから生まれた「聞かない」習慣が「聞く」ことへの集中を妨げ続けてきたことを述べてきました。

たとえば、子どもたちに「聞いているの?」と聞くと、「聞いているよ」と答えます。「さっき、言ったよ」と言うと、「絶対に言ってない」と返すこともあります。これは、**子どもが自分の「聞く」行動に誤りが生じていること、自分の「聞く力」に問題があるということに気づいていない**ことを意味しています。このままでは子どもたちの「聞く力」の問題が、学習をますます妨害することになります。

これを解決するためには、まず子ども自身が自らの抱える問題に気づく必要があります。「聞く」ことの問題を子どもと共有することが重要なのです。

このプロセスを経なければ、いつまでも正しい「聞く力」が身につかないばかりか、お互いの心にすれ違いが生じるかもしれないからです。さらにトレーニングによって問題が軽減される可能性があるということもあわせて伝えなければなりません。トレーニングは子どもの理解と納得のうえで、同じ方向を向き、共に進めていくことが大切です。

トレーニング⑤の点つなぎまでは、体の動きを止め、簡単な指示を聞き続けるトレーニングを紹介しました。正しく「聞く」ために、集中する姿勢を体感できるようにしてきました。

聞こうとする姿勢と聞き続ける集中力がなければ、大人の大切な言葉も雑音と同じになってしまいます。子どもたちは聞こえたときだけ聞き、聞きたいときだけ聞くようになります。結果として、聞き逃しや聞き違いが多くなり、学力もなかなかつかないでしょう。

ここまで行ってきたトレーニングは、教室での「聞く力」のもととなり、学力につながっていくものなのです。

指示の出し方に注意を払う

学力につながる「聞く」姿勢についてもう少し続けます。

私たちが、子どもたちに向かって出す簡単な指示や少し長い説明を、聞く側から考えてみましょう。

子どもたちは、指示が聞こえたら自分が何かをしているときでも（遅れた作業に取り組んでいても）、いつでもすぐに頭を切り替えて指示を聞かなければなりません。これはどの子にとっても難しいものですが、特に「聞く力」に問題のある子どもたちにとっては至難の業です。うっかり聞き逃してしまって、教師や友だちに注意されることもあるかもしれません。

これを防ぐために、私たち大人は、「今から言うことを手を止めてしっかり聞いてね」という合図を子どもに送ることが必要です。**指示とそうでない声の区切りもはっきりさせる**のです。たとえば教室では、「誰かに注意する声」と「指示の声」を続けない、などに注意を払わなければなりません。

ここからは、大人が自分の指示の出し方に注意をはらうことを前提に、「聞く力」を学力につなげていく方法を紹介します。自分の指示の出し方を振り返ってから読み始めてください。

⑥ トレーニング

数字の聞き取り

ステップ 2-2

レベル ★☆☆

まず、子どもたちが数字を書くのに適した大きさのマス目ノートを用意します（なければマス目プリントを用意）。マス目の大きさは、どの子も同じでなくてよいです。

❶ 最初に、

「これから、たくさんの数字を言います」

「すべての数字を聞き逃さないように書いてください」

と指示します。そのときに、子どもたちが指示に注目していることを確認してください。そして、

「ノートのマス目の1行目の最後まで書いたら、すぐに2行目に続けて書き始めてください」

と続けます。

❷ それから

「では、始めます」

と言い、1けたの数字をゆっくり、

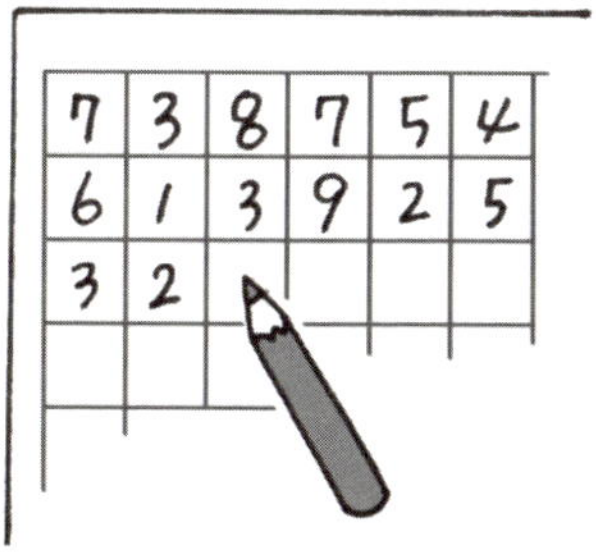

「7、3、8、7、5、4、6、1、3、9、2、5、3、2……」

と20個くらい読みあげます。

最初は1個を1秒の速さで読み上げ、このときの書いている子どもたちの様子をよく観察します。速すぎるなら、途中からでもスピードを落とします。反対に余裕が見られるなら、ほんの少しスピードを上げながら読みます。声の音量は変えません。小さな声で読み上げるほうが集中できると思います。

このとき、大人が淡々と読み上げる数を、子どもたちは楽々と書いているのか、もたもたしているのか、間違えてしまうのかをよく見てください。

もし間違えたときに、いつものように消しゴムを使っていたら、そのあとの数字は書き留めることができなくなってしまうでしょう。実はこれはとてもよい学習なのです。次からは、間違えたときにどうするかを決められるからです。「消さないで、上から濃く書くようにしようね」などと決めたりするとよいでしょう。

つまり、ここでは「自分のスピード」ではなく、大人が「読み上げる声のスピード」に合わせることがねらいなのです。

❸ そして、次の指示では、

「次は、もう少しだけ速くなります。さっきより頑張って書いてください」

と、また先ほどと違う1けたの数を20から30個読み上げます。少しだけスピードを速めたときの子どもたちの様子もまたしっかり観察します。

❹ そして、答え合わせをします。

このときの **「答え合わせをします」** の指示は重要な指示です。数字には集中できても、この言葉の指示に反応できない子が意外に多くいます。

「合っていたら、赤鉛筆で○をつけてください」

と、赤鉛筆を用意させます。このときは私語が聞こえないか、どの子も赤鉛筆を手に持っているかを観察します。ここでは、答え合わせの指示を聞いていたかどうか、聞いたあとの行動の準備ができているかがポイントになります。

そして、指導者の答えに合わせて赤鉛筆で自分のノートの数字に○をつけさせます。

「全部合っていた人は手を挙げて！」 と言うと、全部正解の子どもは自信をもって手を挙げるでしょう。できれば全員の手が挙がることを目標にしたいですね。
こうして、数分間ですが「聞き続けて行動する」トレーニングを行うのです。

■ポイントはスピード

1個の数字に1秒かけるのは最初だけです。少しずつスピードを上げるようにします。この速度は頑張れば全部書けるぎりぎりのスピードがよいでしょう。そのスピードが緊張を生み、子どもたちの集中力を高めます。ただし、ゲームではないので、失敗したことを喜んだり、私語が増えるようなムードはつくらないようにしてください。

反対に、スピードが速くなり読み上げる数字が多くなると、間違える数も増え、追いつけなくなる子どもも出てきます。なかには、泣き出す子や、怒り出す子もいます。これらの行動は、他人のペースに合わせられないという行動上の問題だと考えています。

このような行動は、社会生活にも支障が出るかもしれませんので、重要な指導項目として考えるようにします。ただし、トレーニングを続けることで自然におさまってくることが多いのも事実です。

子どものマイナスの行動ばかりに気を取られることなく、〝きっとスピードについてくることができる〟と、期待しながら進める大人の根気（強気）も必要です。

トレーニング体験者の感想

以下、トレーニングを実施した指導者の感想です。

「子どもたちの悪いところに目がいくばかりで、その原因を考えてこなかったことを省みることができました。これからは、どうしてこんな行動が起こるのかを考えながら、子どもを見ていくようにします」

「見る・聞くことが学習の基本であり、それが正しくできていない子どもをチェックする大切さを知りました。子どもの困難を見逃さないよう、行動観察力を高めながらトレーニングを続けたいと思います」

「たぶん聞いているだろうと想像し、学習を進めていた自分を反省しました。集中の大切さをあらためて感じました。子どもたちが必死で学習するような体験の手だても考えずに、子どもができないことを嘆いていた自分は怠けていると感じました」

「トレーニングを実施してからの研究授業後に指導主事から『こんなに一生懸命先生の話を聞いている（小学）1年生を見たのは初めてです。先生の指導力に感心させられました』とほめていただきました」

すぐに鉛筆を黒に持ち替えてください
今度は先生が言う数字をそのまま書いてはいけません
1つ大きな数字をすぐに書いてください
たとえば
2↓3
4↓5
はい始めます
2
2を書いてはダメよ
えっとえっと
3だ…
一つ大きい数字よ
4、5、9、8、1、3、7、5
いま書いた数字のすぐ下に2つ大きい数字を書いていってください
はいスタート
できました
できました!
できましたっ
翔太くんが答え合わせをします
5 6 10
9 2 4
みんな合ってましたか?

2 指示を聞きながら書く

詳しいトレーニング方法は92ページ

いつでも聞ける状態にないことが最大の問題

私たちの「聞く」行動には、いくつかのパターンがあります。

たとえば、街の中では多くの音を聞き流して歩いていますが、駅に近づくと発車のアナウンスに耳を傾けて足を急がせます。電車の中でも周囲の音1つひとつに聞き耳を立てるようなことはしませんが、降りる駅が近くなると車内のアナウンスを聞いて立ち上がります。

また仕事の打ち合わせなどでは、相手の発する言葉をひと言も漏らさないようにメモを取りながら注意深く聞きますが、1人で作業しているときは周囲の音をそれほど気にはしていません。でも、名前を呼ばれたり、興味のあることが聞こえてきたりすると、そちらに注意を向けることができます。

このような行動は、「聞く」ことだけではなく「見る」ことにもあてはまります。私たちはいつでも聞いたり、見たりする動作を意識的にコントロールし、臨機応変に必要な情報にフォーカスできるようになっているのです。こうして聞いたこと、見たことを理解し、判断の材料とすることで、適切な行動を取ることができます。

しかし、私の教室に来る子どもたちの多くは、聞く準備ができた状態で数字やひらがなを聞いて書くことにすら、問題を抱えています。この様子では、街中や電車でも必要な情報を自らキャッチして適切な行動を取ることは難しいでしょう。

教室の中でも、ランダムに出される指示を上手に拾えているとは思えません。**周りのさまざまな音の中から必要なものだけを選択し、処理していくことが難しい**ので、学習面でも困難を抱えているのでしょう。

そこで必要になるのが、前項に引き続き「聞く力」を学力につなげるトレーニングです。今回は、作業と作業の間で普段は音を聞き流している時間がターゲット。聞く準備ができていないときでも、臨機応変に聞く状態になれる力をつけることが目標です。そのためには、ベースとなる「いつでも聞ける力」が必要になります。

では、早速「いつでも聞ける力」のトレーニングの紹介に入りましょう。続いて必要な情報をとらえる「聞く耳」をつくるためのトレーニングもご案内していきます。

■「聞く」集中が切れてしまう問題

トレーニング⑥では、指導者は20個から30個の数字を遅すぎず速すぎず聞かせ、子どもたちはノートにその数字を書いていく、というトレーニングを紹介しました。この方法では終わったあと、すぐに答え合わせをします。「聞く力」に問題のある子は、指示に従って数字を正しく書くことはできても、たとえば77ページのかなさんのように出遅れることがよくあります。これは「聞く」集中が数字を書くことだけで終わってしまい、次の指示の言葉に移るとすぐに「聞かない状態」になっていることが原因です。なかには作業が終わったとたんにノートにらくがきをする子や筆箱を触り始める子もいます。このときの彼らの耳は、スイッチが切れてしまっているのでしょう。

よって、トレーニングでは、この作業の切り替えシーンに着目。**「いつでも聞ける力」を高め、どんな指示を出されてもすぐに行動に移せることを目標にします。**

また、この方法では答え合わせのやり方を変えてみます。答えは代表の子どもが自分のノートを読み上げ、全員がその声に合わせて各自のノートに丸をつけるのです。この方法は学校でもよく見られるもので、大人以外の声にも正しく反応できることが求められます。この方法での丸つけを、トレーニングに続けて休憩なしで行います。

「聞く力」に問題のある子どもたちのなかには、「答え合わせをします。赤鉛筆を用意してください」という指示を聞いても全く反応できない子がいます。答え合わせが始まってもすぐには丸つけを始められず、結果、しばらくしてからあわてて丸をつけることになったり、「待ってください！」と焦って騒ぐことになったりします。

指導者である大人の指示ではできても、別の人の声に変わるとすぐに反応できなくなるのは、**場面によって耳が「聞かない」状態になっている**からです。こんなときは、「耳のスイッチは切らないでね」と、すかさず助言することが必要です。

丸つけの様子で見えてくる問題

この丸つけのプロセスを観察することで、2つの問題について確認することができます。1つは、前述のように指示を聞いてすぐにスタートできたかどうか、もう1つは、答えを読み上げる声のスピードについてきているかどうかです。

子どもたちが答えを読み上げるスピードはさまざまです。速く読み上げてしまう子もいれば、遅すぎるほどゆっくりと読んでいく子もいます。それでも、そのスピードに合わせて丸をつけられなければなりません。

特に注意してチェックしたいのは、答えを読み上げる声の速度が遅いとき。答えを聞く前に丸をつけてしまう子が何人かいます。その子たちは、想定外の遅いスピードに自分のペースを合わせられないのです。

遅くても速くても、声に合わせて丸をつけられることが、ここでの目標です。この力をつけることで、他の作業でも**他者のペースに合わせることが楽にできるようになります。**

次のトレーニングでは少し難易度が上がります。これまでのように聞いた数字をそのまま書くのでなく、聞いた数字を新たに指示された内容の数字に計算して書かなければならないのです。子どもたちは正確に聞き取った数字を一度覚えてから、その数字を使って作業をしなければなりません。つまり、「聞く耳」の練習に加えて「ワーキングメモリ」を鍛えるトレーニングを受けることになるのです。では、その内容を紹介していきましょう。

⑦トレーニング

数字を考えながら書く1

ステップ 2-2
レベル ★★☆

❶ 最初は、80ページの「数字の聞き取り」トレーニング（トレーニング⑥）のときと同様に20個から30個の数を読み上げ、答え合わせをします。

❷ トレーニング⑥と違うのは、作業の合間に87ページのようにして以下の新たな指示を与えることです。

「次は、さっきと同じように数字を書きますが、先生の言った数字をそのまま書いてはいけません」

「1つ大きい数字にしてノートに書いてください」

と言い、1けたの数字を読み上げていきます。


この際、子どもたちの手の動きをよく見て読み上げ速度を調整することが大切です。全くできないのでは、トレーニングにならないからです。子どもたちが少し急げばついてくることができるくらいの速さが理想です。

③ 大人が
「5、8、7、2、1、0、3……」

と読み上げたら、子どもたちはその数字より1つ大きい「6、9、8、3、2、1、4……」と、書かなければなりません。聞きながら、数を加えて、遅れないように書く作業を続けます。


万が一、子どもたちの速さに差が大きすぎるときは工夫が必要です。遅れている子がいたら、

「初めの3個だけ書いて、あとは待っていてね」

「3個ずつ言うので、初めの1個だけを書いて、また次の3個のうちの初めの1個を書いてね」

など、作業時間に余裕を与える工夫をします。この方法でも、十分に「聞く力」のトレーニングになることはいうまでもありません。

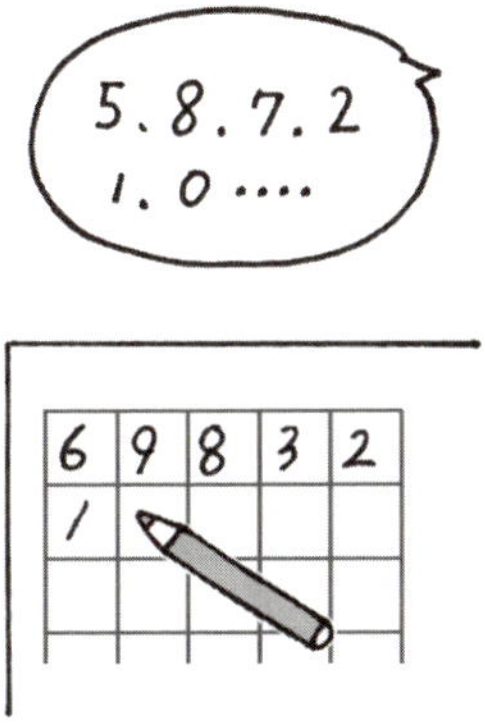

答え合わせの際も前述のトレーニング同様、耳のスイッチを切らなければ、遅れることはないはずです。

トレーニングでは、出す指示も変えていきます。先ほどは〝1つ大きい数字〟に変える指示でしたが、今度は、

「次も数字を読みますが、今度は、1つ少ない数字を書いてください」

といった逆の指示を出してみてもよいでしょう。

このような作業と作業の間に与えられる指示を聞き逃さないようにするのが、「聞く」トレーニングのポイントです。ですから、指示にパターンはあっても、どんどん指示を変えなければなりません。しかし、あまり複雑なものだとうまくできず、子どもたちの達成感が得られなくなってしまうため、注意が必要です。

ここで気をつけなければならないのは、子どもたちに聞き違いの習慣をつけないようにすること。どの場合も最初は理解できたかどうかを、黒板に例を書いて確認することが大切です。

⑦トレーニング

数字を考えながらを書く2

ステップ 2-2
レベル ★★★

次に紹介するトレーニングでは、これまでより少し複雑な指示を出していきます。

たとえば、

「先生の言った数字に2を足して（引いて）ノートに書いてください」

といった内容です。足す数は2より上の数の3、5、9などでもかまいません。さらに子どもたちが九九を知っていれば「かける2」や「かける5」などにしてみてもよいでしょう。

この際、指導者には指示を出したときの子どもたちの反応を、素早く読み取るセンスが必要になります。なぜなら、指示が複雑化するにしたがって、個々のスピードの差が大きくなるからです。早くできた子どもには穏やかに、遊ばず待つことを指導しなければなりませんし、作業の遅い子どもには、どうすれば早くなるかを助言しなければなりません。

さらに、

「聞いた数字をそのまま書きますが、ノートの行がいっぱいになったら、1行空けて次の行に書いてください」

など、今までに聞いたことのない指示も与えてみます。これはノートの書き方の指示です。

数字を読み終わって、指示のとおりのやり方ですべて書けていたら、

「書いた数字を見ながら、その数字の下に1つ少ない数字を書いてください」

という指示を組み合わせて与えることもできます。

数字を書く作業そのものは、どの子にもできることです。年齢や知的レベルにもあまり影響されません。だからこそ、子どもたちは、学習中の指示を聞き取れたかどうかだけをはっきり自覚できます。

また、トレーニングでうまくできなかった子どもたちは、少しずつ自分の聞き方を修正しようとします。この本人たちの努力で、聞き取る力は少しずつアップしていくのです。

1つ例をご紹介しましょう。

私の教室に通っているCくんは、数字もかな文字も書くことに問題はなかったのですが、ほとんどの会話がオウム返しで、言語表現も苦手でした。何よりも指示を聞こうとしないことが問題でした。

そのCくんには、トレーニング中の指示が聞けたか聞けなかったかを、できるだけはっ

きりとほめたり、注意したりするようにしてみました。そうすると、彼は少しずつ「聞く」意欲をもち始めてくれました。

今では、どの子よりも早く正確な答えを出すだけでなく、会話を聞き取る力もずいぶんと伸びています。それは、Cくんが特別支援学校高等部に入ってからのことです。私は、特別支援教育に適応年齢はないということを、彼から学ばせてもらいました。

この本をお読みのみなさんも、この子にとってスタートするにはもう遅すぎるかも、とあきらめることなく、ぜひトレーニングを始めてみてください。

ステップ
2-3

指示に対応しながら文字を書き続ける

3文字言葉の聞き取り

↓

4文字言葉の聞き取り

↓

考えながら文字を書く

ポイント

3文字言葉の聞き取り

国語バージョンのトレーニングです。マス目のノートやプリントを使って、読み上げるひらがなな3文字の単語を聞き書きしていきます。説明のあと、黒板に例を示してあげます。読み上げるスピードも重要です。

4文字言葉の聞き取り

基本は3文字と同じですが、1文字増えるだけでも、子どもたちには大きな違いがあります。

考えながら文字を書く

読み上げる3文字・4文字言葉から1字抜いたり順番を替えて書かせます。1回で約1分間ですが、休憩を入れずに緊張感をもって注意深く聞けるようにしてください。全員が正解することが目標です。

これからたくさんの言葉を言います
聞き逃さないようすべて書いてください
少し速く言うのでときには丁寧に書けないと思います
書き方は最初の言葉をタテに書いたらその下は空けておいてすぐその次の行に書くようにしてください
こういうふうに書いてください
ゆかた さなぎ まくら まぐろ
ハーイ
それでは始めますよ
こいし つみれ さそり
ちくわ
「ち」ってどんなだった
止まらないで
最後です さくら
ハイ
はい答え合わせをします

詳しいトレーニング方法は104ページ

「聞き取り力」を国語の学力にする

私は、**子どもたちが「聞く力」をつけることは、「生きる力」をつけることと同じ**だと考えています。子どもたちの「聞く」ことにまつわる問題は、学習意欲だけでなく「生きる力」の獲得をも妨害しているように思うからです。

なかなか音が頭に入ってこない、聞き違う、聞いたことが覚えられない、などの困り感の違いはありますが、最も問題なのは、いずれのケースも子ども本人に「聞く力」が問題だという自覚症状がないこと。友だちとのコミュニケーションがうまくいかずにトラブルになってしまったり、なかなか成績が上がらなかったりしても、それが「聞く力」に関係していると気づくことは難しいようです。

■日常の言葉を集中して聞く

これから紹介する国語のトレーニングは、日常の聞き慣れた言葉を「聞き続ける」ことから始めます。指示に応じて1文字1音、言葉の音を正しく操作できるように「集中して聞く」ことが求められます。最終的には、私たちがものを考えるときなどに使う内《ない》言語《げんご》（心の声）にまで影響を与えることが目標です。

子どもによっては、この〝国語バージョン〟のトレーニングは得意でも、数字の〝算数バージョン〟が苦手なケースやその逆のケース、どちらも大丈夫だけれども、後半で紹介する「反対の意味の言葉」や「しりとり」が苦手なケースなどがあるかもしれません。「聞く力」に問題があるといっても、その困難さはそれぞれに異なるものだからです。

しかしここでは、問題の見え方、問題の頻度や深刻さ、発達障害の有無や診断名に関係なく、どの子も同じトレーニング方法で進めていきます。

私の教室ではさまざまな方法で「聞く・書く」「考えながら聞く・考えながら書く」の課題を中心にした1時間の集中トレーニングを行っています。はじめに57ページから紹介しているぐるぐる描き（らくがき）、点つなぎを10分。次に81ページから紹介している算数（数字の聞き取り）を15分。そして、国語のトレーニングを30分行います。これが平均的なトレーニングパターンで、そのあとに個人の課題に合わせた教科学習を続けるのです。

では、さっそく国語のトレーニング方法を紹介していきましょう。

トレーニング 9

3文字言葉の聞き取り

ステップ 2-3
レベル ★☆☆

子どもの書く文字の大きさに合ったマス目ノート、もしくはマス目プリントを用意します。

❶ 次のような指示を出します。

「これから、たくさんの言葉を言います。聞き逃さないようにすべて書いてください」
「少し、速く言うので、ときには丁寧に書けないと思います」
「書き方は、最初の言葉を書いたら、その行の下は空けておいて、次の言葉はその次の行に書くようにしてください」

これまでのトレーニングでの指示との違いにお気づきでしょうか。今回は指示とその説明に長いセンテンスを使っています。しかも内容は3つもあります。大変なように感じるかもしれませんが、この程度の指示は、学校では日常的に使用されているレベル。対応できるようにしておく必要があるのです。

ここまでの指示で、子どもたちがわかりにくそうな表情をしていたら、指示を繰り返しながら黒板に書き方の例を示してあげてください。言葉での指示に加えて模範となる板書を見ることで、「聞き」の弱さを補強することができるからです。

❷ そして、以下のように2秒に1語くらいの速さで3文字の単語を読み上げます。

「ゆかた」、「さなぎ」、「まくら」、「めがね」……

子どもたちはこれまでと同様、読み上げられる3文字言葉を、遅れないように指示されたとおりの書き方でノートに書かなければなりません。この3文字の言葉は、10語くらいから始め、最終的には20語くらいまで増やすようにしましょう。

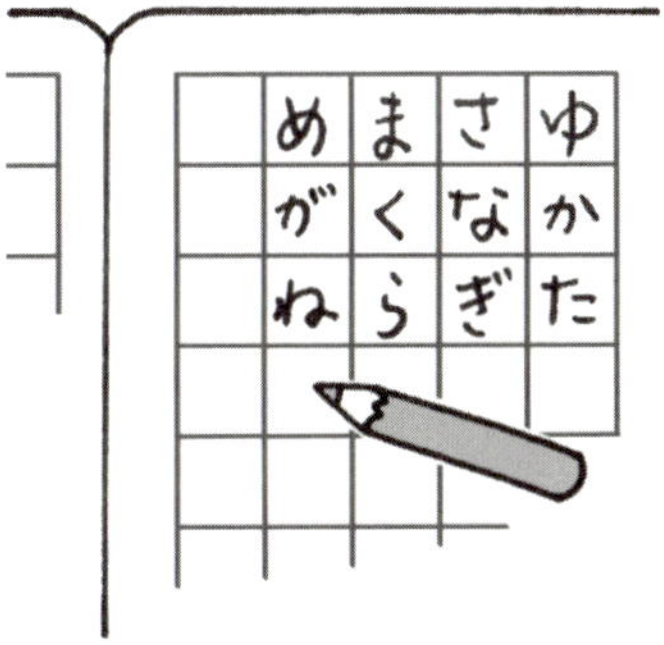

すらすら書ける子どももいますが、「『さ』ってどんなだった?」と急に混乱し始めたり、スピードに追いつけなくなったり、書き間違えて消している間に遅れてしまったりする子どももいます。

学校の一斉授業では、このような問題を抱える子どもたちに対する個別の配慮は難しいことが多いものです。このトレーニングでは、1人ひとりが「聞く力」をつけられるように、子どもたちの様子を細かく見ながら進めることで少しずつ確実に改善できます。

これはトレーニングをステップアップするときも同じです。

3文字言葉に慣れてきたら、言葉の数を増やしたり、読み上げるスピードを速めたりします。もし、その過程で聞き逃しや、「待って、待って」という声が増えることがあったら、トレーニングのレベルがその子に合っていないということ。全員がだんだんと上手に、正確に速く書けるようになることが目標ですから、小さなつまずきも見逃さないよう、よく観察しながら進めましょう。

3 続けて次の指示を与えます。正しく書かれた3文字言葉を見ながら、作業を始めるようにします。

「いま書いた3文字言葉を見てください」

「『ゆかた』は『ゆ』の文字、『さなぎ』は『さ』の文字から始まる言葉です。『ゆかた』の下に『ゆ』から始まる別の3文字言葉を考えて書いてください。『さなぎ』の下にも『さ』から始まる別の3文字言葉を考えて書きます」

「ほかの言葉も一番上の文字が同じ3文字言葉を考えて書いてください」

「できた人は、『できました』と言ってください」

3文字言葉を聞いて書く作業は、国語のトレーニングの導入にあたります。この数分間のトレーニングで言葉を正しく聞き取り続けることができれば、次の新しい課題の説明も正しく理解できます。導入課題なので全員ができることを目指すようにしてください。

また、なかには、まだひらがなが速く書けない子どもがいるかもしれません。そのときは、「○○さんは、3文字言葉の最初の文字1つだけを書くようにして。速くても頑張ってついてきてね」と指示を与えています。これで書く文字量は減っても「聞く」トレーニング量は他の子どもたちと同じになります。

書きながら聞いて覚える

トレーニングを続けて子どもたちが上手になってきたら、次の課題を追加します。

⑩ トレーニング 3文字言葉（2語）の聞き取り

ステップ 2-3
レベル ★☆☆

❶ 以下のように指示を出してください。

「今度は、3文字の言葉を2つ続けて言いますから、2つとも速く書いてください」

❷ そして、3文字の言葉を2語ずつ続けて読み上げます。

「たまご」「きつね」
「もみじ」「おとな」
「たいこ」「おかし」
「あさひ」「こねこ」……

子どもたちは、一度に2語読み上げられる言葉を、一度、覚えたうえで書くことになります。

幼児や速く書けない子どもも、最初の1文字だけを書く作業を2語続けるようにします。作業は文字を書くことですが、目標としているのは聞き取る力の獲得です。2語を聞き取り、2語の頭の1文字を書かねばならないのですから、1文字ずつとはいえ、実際には負荷がかかることになります。

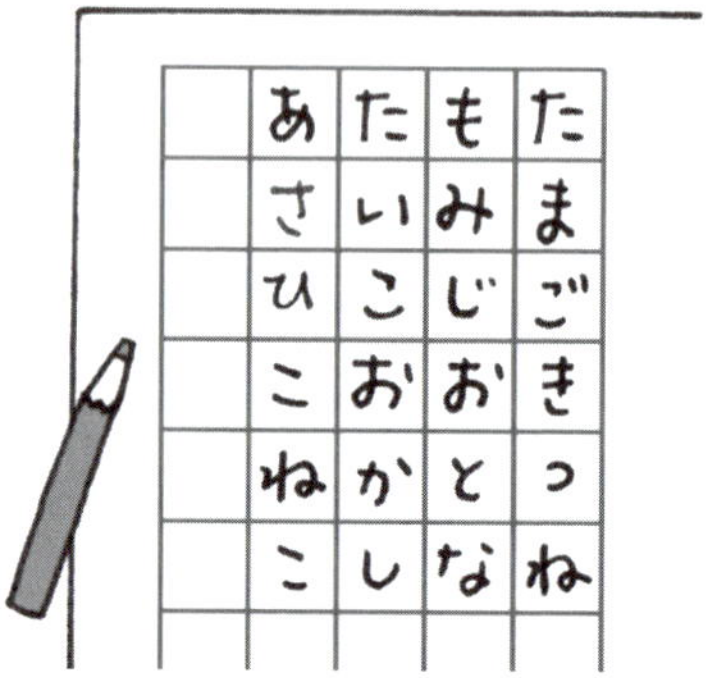

指導者は、読み上げるスピードがあまり遅くならないように注意してください。2秒で2つの言葉を読み上げ、ひと呼吸おいてすぐに、また2つ読み上げるようにします。

このとき、子どもたちの書く様子をよく見て、ちょっとせかすようなスピードにしてください。ただし、速すぎるとついていけずにあきらめてしまう子が出てきてしまうため、正確に速く書く目標が達成できなくなります。ここは指導者の腕の見せどころ。少し急がないと書けない程度のスピードを心がけてください。

またこのトレーニングでは、濁音や半濁音、拗音、促音が含まれる言葉も使うようにして、文字表記の問題も改善できるようにします。間違いの多い子どもがいれば、できるだけ多く使うようにして指導に生かします。

さらに、トレーニングに使った言葉の説明をさせるといったやりとりを加えてみるのもいいでしょう。たとえば、以下のような質問です。

「『たまご』ってなに？　説明してください」

また、文字や音の意識を高めるためのトレーニングを加えることもできます。

「『あ』から始まる3文字言葉を5つ考えてください」

このときに出てきた言葉は後日行うトレーニングで使うこともできます。こうして五十音それぞれから始まる3文字言葉を少しずつ集めておくと便利です（付録参照）。

この3文字言葉のトレーニング中でも、子どもの雑談がなく、読み上げる声と答え合わせの声以外は聞こえない状態を目指します。これが、「聞く力」を高めることにもつながります。

そのためには、指導者も指示の合間に説明の補足を加えたり、鉛筆の持ち方を注意したり、姿勢を注意したりする声に留意してください。

⑪ トレーニング

4文字言葉の聞き取り

ステップ 2-3
レベル ★★☆

4文字言葉は3文字言葉より1文字増えるだけですが、子どもたちは大きな違いを感じるようです。できているかどうかを確認しながら進めてください。

❶ 指示の出し方は3文字と同じです。

「いまから読み上げる言葉をどんどん書いてください」

と言い、10語から15語ほど読み上げます。

「ひまわり、くつした、きんぎょ、あおぞら……」

❷ 上手に書けているようでしたら、次の指示を出します。

「今度も4文字言葉を書きますが、2つ続けて言います。2つとも速く書いてください」

といった指示を出してみるのもよいでしょう。子どもたちは四苦八苦しながらも、きっとがんばってくれます。

3か月のトレーニングで変化が見える子どもたち

子どもたちのなかには、先生の話を普通に聞いているように見えて、部分的にしか聞いてない子がいます。指示に対して「○○するんだよね？」と内容を確認してきたり、「どこから書くんですか？」と指示を聞き直してきたりするのです。

私の教室でも、指示が出されていることに気づけず、聞き返しも確かめもしてこないケースや、ボーっと空(くう)を見ていたり、ノートのらくがきに夢中になっていたりするケースが見られます。このような行動を注意され、「聞いていたんだけど、わからなくなった」と言い訳する子どももいます。

いずれの場合も、指示を正しく聞き取れていないこと、それにより学習の足を引っ張られる結果となっていることは確かです。

学習の基本になる力には、言語力、思考力、数概念などいくつも挙げることができますが、私はそれらが少しくらい低くても小学校の基本的な学習に全くついていけなくなることはないと考えています。しかし、作業の指示や、学習での簡単な説明が聞き取れないとなれば、学習に深刻な影響が出る可能性があります。

実際、どの子も私の教室に来るまでは、成績が散々な状態、授業中の落ち着きがない、学習意欲が低い、学習効果が見られない、などの問題で困っていたケースばかりでした。

しかし、3か月ほどトレーニングを重ねると変化が見え始めます。早ければ学校の成績も上がり始めます。成績の変化はまだでも、落ち着きが増すなど普段の様子に変化が見えてきます。

これは、トレーニングによって言語力、思考力、数概念などの力が急に上がったのではなく、先生の指示や学習中の説明を「聞き取る力」がついたためだと考えられます。

この子たちは、医学的な聴覚機能の問題による学習への影響があったのではなく、他の子どもたちに比べて「聞く力」が弱かったことが原因で、学力が落ち込んでいたのです。ですから、少しトレーニングをするだけで変化を見せてくれたのでしょう。

みなさんの周りにも、同じような問題のある子どもたちがいるはずです。どうか、早めに、上手に「聞く力」をつける指導を始めてほしいと思います。

■正しく聞いて、正しく書く

ここまでは、読み上げられた身近な3文字・4文字言葉を「正しく聞き取る」「正しく書き取る」トレーニングを紹介してきました。

常に指導者の声に耳を立てて、注意深く聞き続けるためには、緊張感が必要です。重要なのはスピード。トレーニングでは、子どもたちの様子を見ながら、2秒に1つまたは2つの単語を、少しずつスピードを速めて読み上げます。

ただし、ペースを上げつつも「正しく聞き取る」時間は維持されなければなりません。速すぎてできない経験を子どもたちにさせてはならないからです。これ以上、聞くことをストップしてしまう経験の必要はありません。トレーニングは適正なスピードで行われることが何よりも大切なのです。

ここからは、「正しく聞き取る」「正しく書き取る」の発展編としてのトレーニングを紹介します。使用するのは、かな文字。身近な3文字言葉と4文字言葉です。

⑫ トレーニング

3文字言葉を1文字抜いて書く

ステップ 2-3
レベル ★★☆

目標は全員が正解すること、どの子も緊張感をもって取り組むことです。

❶ はじめに、以下の内容を伝えます。

「今からいくつかの言葉を書いてもらいます。でも、その言葉をそのまま書いてはいけません」

「『い』は書かないで抜いてください。たとえば『いくら』と言ったら、『くら』。『たいこ』と言ったら『たこ』というように『い』を抜いて書きます。大丈夫ですか？」

2秒に1つの言葉を読み上げる速さで進め、10語くらい読み上げたところで答え合わせをします。1人の子どもに自分の答えを読み上げてもらい、全員が自分の答えに○をつけます。

❷ そして、休憩なしに次の課題の指示を続けます。

「次は、同じように3文字言葉を書きますが、『か』と『が』を抜いてください」

再び答え合わせを行い、そして、すぐにまた次の課題に移ります。

ただし、ここではあえて指示の内容を変えます。なぜなら必死で取り組んでいる子どもでも、作業が終わったとたんに聞くことをやめてしまうケースがあるからです。そんな子どもたちが、〝聞くことをやめてしまっていた〟と自ら気づけるように、わざと課題を変えるのです。

課題に応じた書き取りと答え合わせは1回につき約1分間ほどです。この集中を要する作業を数回続けます。

また、ひらがな1文字を抜く課題から、あ行の5文字すべてを抜く課題、また、3文字言葉の課題を4文字言葉に変えるなど、子どもの様子を見ながら課題の工夫をしてください。どんな課題を出されても、どんな作業でもできることを目指します。

トレーニング13 3文字言葉を2番目の文字から書く

ステップ 2-3
レベル ★★★

❶ このトレーニングの指示は少し複雑です。

「今から3文字言葉をたくさん言います」
「その言葉を2文字目から書いてください」

こう言うと、指示を聞いていた子どもたちは、意味がつかめず戸惑うかもしれません。

❷ そこで、もう一度説明します。

「たとえば『きつね』と言われたら、文字の2番目『つ』から『つね』と書き、最後に1文字目の『き』を3文字目に書いて『つねき』と書きます」

この説明でもまだ、わかりにくそうでしたら、板書しながら説明を繰り返してください。集中してよく聞くことで説明が理解できるという経験を重ねることになります。これが重要です。そして、

「『ふとん』と言ったら、2番目からの『とん』を書き、『ふ』を最後に入れて『とんふ』と書きます。わかりましたね」

とさらに説明を続けます。

この説明のあと、**「ではやってみましょう」**と始めます。

スタートの合図とともに3文字言葉を2秒に1つくらいの速さで読み上げていきます。子どもたちは指示に従ってノートに書き始めます。

❸ そして、はじめは課題は少なく、ゆっくりと読み上げてください。

「めろん」「さむい」「こいぬ」

次に答え合わせをします。答えは「ろんめ」「むいさ」「いぬこ」となります。

❹ 練習が終わったら10語ほど読み上げます。全員が正解することが目標ですから、考えながら聞く時間も少し延長してください。

このようにして、子どもたちは身近な言葉の聞き取りを行いながら、文字と音を意識した作業を続けるのです。

ここでは、文字の操作に苦労する子、書いた答えの読み上げに苦労する子なども見られますが、これもすぐに上手になるはずです。

なかには、少し楽をしようと書き方を変える子がいます。たとえば、「さかな」を書くときに最初の「さ」を下に書いてあとの「かな」をその上に書くのです。でも、これでは始めから「さ・か・な」と書いているのでダメ。1文字目の「さ」は書かないで2文字目の「かな」から書くことを約束させてください。

もう、おわかりだと思いますが、これらの3文字言葉を使ったトレーニングは、指示者の説明を真剣に聞くトレーニングであり、同時に、どんどん読み上げられる言葉をもらさずに聞き続ける「聞く持続力」を高めるトレーニングでもあります。

このトレーニングを成功させるためには、言葉を読み上げる大人の姿勢が影響します。大切なのは、どの子も全問正解できることを常に望むこと。子どもが集中を維持することができる課題を設定する力と、読み上げスピードの工夫ができることが重要です。

聞き取りが苦手で学習効果が少なかった子ども、集中が続かなくて失敗を重ねてきた子どもを、大人の熱意で学習を楽しめる子どもに変えてほしいと思います。

トレーニング 14

4文字言葉を1文字抜いて書く

ステップ 2-3
レベル ★★★

❶ 指示は3文字言葉と同じです。子どもたちは読み上げられる4文字言葉を正しく書きます。

「たけのこ」「らいおん」「かみのけ」「こおろぎ」……

❷ 上手にできるようでしたら、抜く文字を指定した新しい指示を出します。

「4文字言葉に『あ』があれば、『あ』を抜いて書いてください」

「『あまぐも』は『まぐも』、『ほらあな』は『ほらな』と書きます」

または、

「『さ』と『ざ』を抜いて書いてください」

とか、

「『あ行』を抜いて書いてください」

という指示をします。

子どもたちにとって4文字言葉は3文字言葉に比べて難しいようです。慣れるまで、「あ」や「し」などから始まる4文字言葉を言い合う練習をしてもよいかもしれません。

子どもたちが出された指示でテンポよく作業でき、「できた！」と喜べることが目標です。そのためには大人の準備が重要であることを、忘れずにいたいものです。

⑮ トレーニング

4文字言葉を2番目の文字から書く

ステップ 2-3
レベル ★★★

1文字抜くトレーニングができるようになってきたら、今度はもう少し複雑な指示を与えて、2、3語練習してみます。

❶ 以下のような指示を出します。

「今から、私の読み上げる4文字言葉をそのまま書かないでください」

「2文字目から書いてください」

❷ あとは、3文字言葉と同様に、ゆっくり読み上げ、答え合わせをします。

指示がわかっていなさそうな子がいたら、例を板書しながら再度説明してあげてください。わからないまま始めてしまうと、自信をなくしてしまいます。

ステップ

2-4

絵や図形を見ながら紙に描き写す

絵カードを描き写す

↓

絵に色を塗る

【練習】

図形を描き写して色を塗る

ポイント

絵カードを描き写す

絵カードの上にコピー用紙を重ねて、透けて見える絵の輪郭をなぞり描きします。絵の輪郭線に集中し、線に沿って手を動かしながら正しく描けるか、見落としがないかに注意します。

絵に色を塗る

色に対するこだわりや、輪郭線の内側に塗れるかなど、課題が見えてきます。絵としてのうまい下手を評価するものではありませんが、練習するうちに上手に描けるようになってくると、子どもの自信にもつながります。

練習：図形を描き写して色を塗る

トレーニングとは別に練習の時間を設けて行います。いわばトレーニングの効果を高めるための練習です。単純な図形を描き写して、はみ出さないように色を塗ることで、線を見ながら、それに対応して手を動かす練習にもなります。

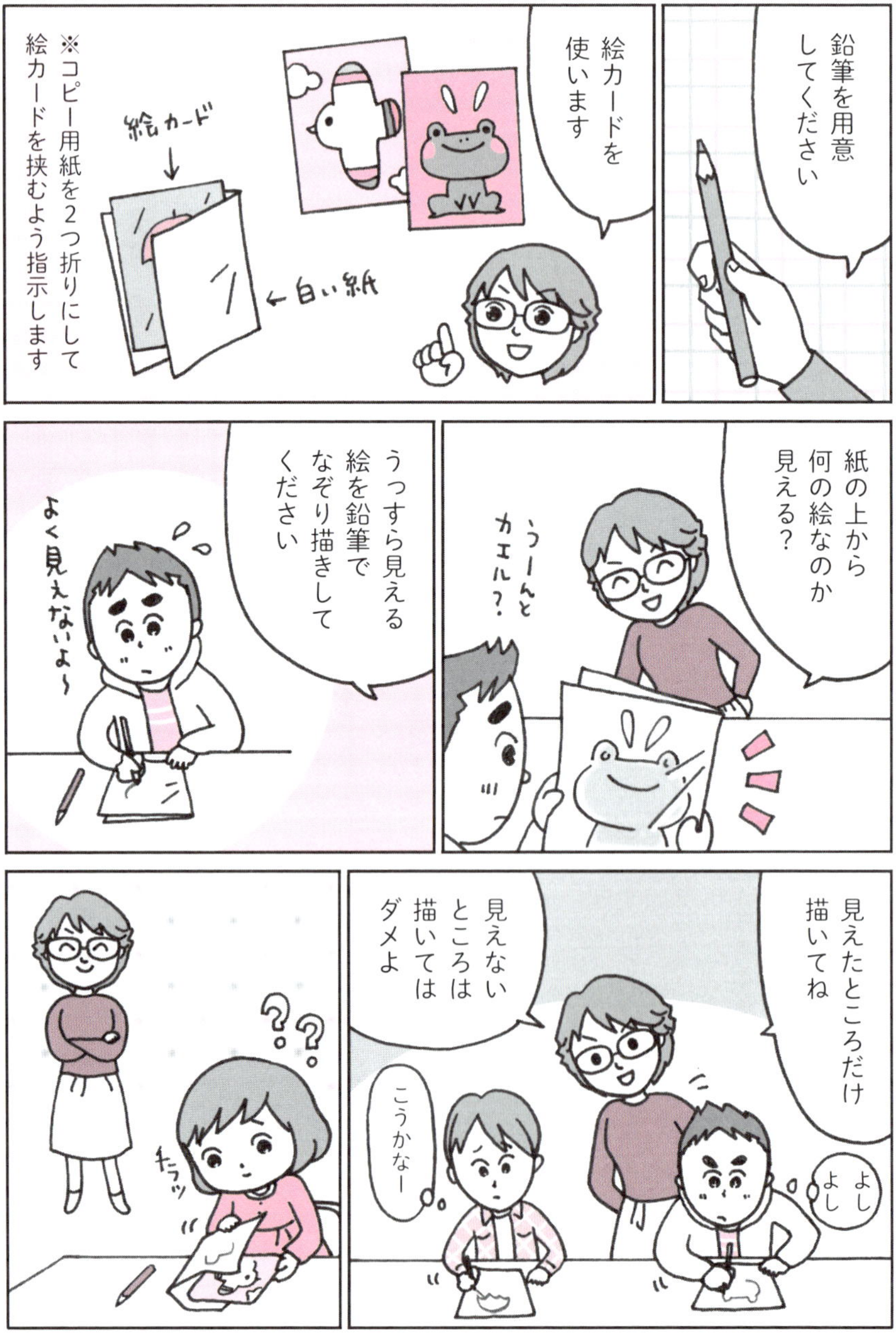
鉛筆を用意してください
絵カードを使います
絵カード
←白い紙
※コピー用紙を2つ折りにして絵カードを挟むよう指示します
紙の上から何の絵なのか見える?
うーんとカエル?
うっすら見える絵を鉛筆でなぞり描きしてください
よく見えないよ~
見えたところだけ描いてね
見えないところは描いてはダメよ
よしよし
こうかなー
チラッ

詳しいトレーニング方法は125ページ

線を見ながら描き写すことが苦手な子ども

ここまでのトレーニングで、子どもたちの様子に変化はあったでしょうか？　もし、数字にも文字にも、そしてそのつど出される指示にも少しずつ反応できるようになってきていたら、トレーニングは成功です。子どもたちの表情も、自信あるものに変わってきているのではないでしょうか。そうであれば、次の「見る力」を育てるトレーニングに挑戦してみるタイミングです。

今度は「絵を写す」ことが課題。市販の絵カードとコピー用紙、色鉛筆を使ったトレーニングです。私は大判の絵カードとB5サイズのコピー用紙を使っています。使いやすい絵カードの条件は、絵の種類が豊富にあること、大きさと色がちょうどよいことです。

絵を描くことじたいに問題のない子どもでも、なかには数字、文字の聞き取り時に見られたような、「聞く力」の問題が見られる子どももいます。

どこからどう描くのか、間違えたときの修正方法、色の選択など、つまずくポイントはそれぞれ。これらの問題をトレーニング方法の説明とあわせて、具体的に説明していきましょう。

トレーニング ⑯

絵カードを描き写す

ステップ 2-4
レベル ★☆☆

トレーニング方法は簡単です。

❶ はじめに、子どもたちに1枚ずつ絵カードを配ります。次にB5サイズのコピー用紙も1枚ずつ配ります。

❷ そして指示を出します。

「白いコピー用紙をこのようにきちんと半分に折ってください」

絵カードと同じ大きさになる折り方を説明してください。用紙を正しく折れた子どもたちには、絵カードをその2つ折り用紙の中へ挟むように指示して、そのまま待たせます。待つことも大切な学習です。

子どもたちのなかには、待つ＝遊ぶ時間と考えている子がいるからです。静かに待つことができないことは、問題だと考えて対応してください。

正しく折れない子どもも出てきます。たとえば以下のような状態です。

- **端をきちんと合わせられないために、半分の折り目がきれいにできない。**
- **折り山の縦横を間違えたために、絵カードに合う大きさにならない。**

学習に困難を抱えている子どもを指導された経験のある方には、おなじみの光景かもしれません。この場合、すぐにそばに行って手伝うようなことはしません。代わりにもう1枚コピー用紙を配って、丁寧な指示を繰り返します。

「もう一度よく見ていてね。半分に折るには両手が必要ですよ」

「この端とこの端を逃がさないように押さえながら、こうやって折ります」

このように見本を見せてからもう一度やらせます。このときの少しの支援はＯＫです。本人が一生懸命努力しているときに行う成功のための支援だからです。そして、先ほどよりうまく折れた用紙を使って絵カードを挟み、みんなと一緒に次へ進みます。

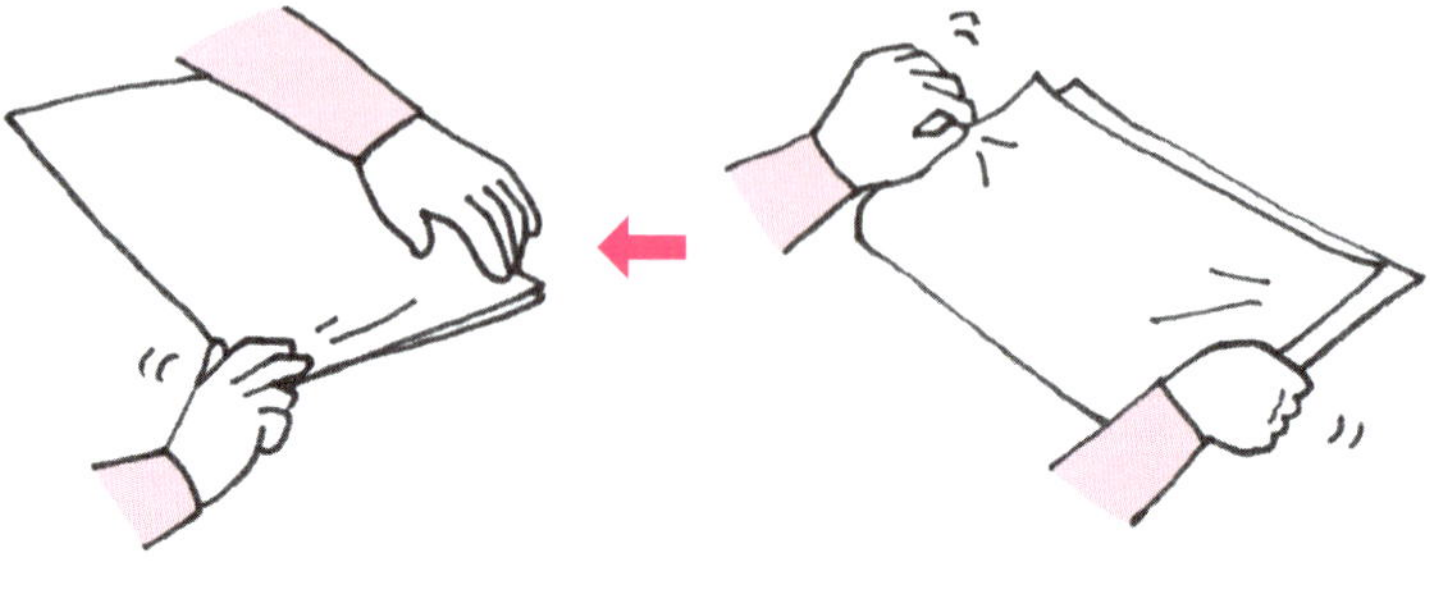

❸ 次のように問いかけ、指示を出します。

「では、絵カードを挟んだままの白い紙をよく見てください。カードの絵がうっすら見えますか？」

「今からその絵を紙に写して描いてください」
「でも、見えるところだけ。見えないところは写さないでね」

子どもたちのカードの絵柄は1人ずつ違いますので、隣の子の絵は参考になりません。

ここでは、絵の輪郭がはっきり描かれているカードを使いますが、トレーニングではカードにコピー用紙を重ねて、よく見ないと見えないようにします。

すると、子どもたちの行動に以下のような問題が見えてきます。

- **適当に線を描く。**
- **見えないからと大騒ぎする。**
- **見えているのに、目と手の連動（協応）が悪くて上手に輪郭がなぞれない。**

私は、これらの行動はこれまでの学習習慣が引き起こしている問題の一部だと考えています。トレーニングを進めることによって、改善できるものなのです。誰もが上手に輪郭を描き写すことができることを目標に、練習を重ねていきましょう。

⑰ トレーニング

絵に色を塗る

ステップ 2-4
レベル ★★☆

❶ 輪郭が描き終わったら、コピー用紙に挟んでいた絵カードを取り出し、見えなかったところや描きもらしていた部分を探しながらコピー用紙に描いた絵を補っていきます。

ここでは、絵がさらに絵カードに近づくように手伝います。

❷ 最後は色つけです。ここでも問題は見られます。

・輪郭を無視して色を塗る。
・色にこだわり、同じ色がないと言って騒ぐ。
・明らかに見えている色を無視して1色で塗る。
・色つけに時間をかけ過ぎる。

もちろん、作品として上手に色を塗らなければならないということではありません。ただし、輪郭取りや色つけは技能でもあるので、見ることの問題改善を早めるためには練習をしたほうがよいでしょう。

■「絵を写す」トレーニングのための練習

私は通常のトレーニングとは別に時間を設定し、以下に紹介するステップでの練習を行っています。

❶ B4サイズのスケッチブックか画用紙を用意します。

子どもたちに3センチ四方くらいの折り紙を配り、

「これと同じ大きさの正方形を鉛筆で3個描いてください」

と指示します。折り紙は正方形1個描いたところで回収します。

さあ、3個の正方形が大体同じ大きさに描けたでしょうか？

❷ **「いま描いた正方形の1つ目に赤鉛筆で丁寧に色をつけてください」**と、指示します。

色が少しでもはみ出してはいけません。ここでは、どうすればうまく色をつけられるのかを指導します。

まず、赤鉛筆で黒の鉛筆の輪郭線をはみ出さないようになぞります。そのあとで、輪郭の内側を少しずつゆっくり塗ります。そのときの筆圧とスピードがコントロールできるように助言します。

❸ **「今度は2個目の正方形を好きな色1色で塗ってください」**と指示します。

「聞く」「見る」のトレーニングはどこでも生かされます。1個目より2個目が上手になるのは、よく聞いて、よく見ているからです。トレーニングの成果なのです。

④「最後の正方形には、このように角から向かい側の斜め下の角まで、滑り台のように直線(対角線)を引きます。線は、左右どちらの角からでもいいです」「引けた人は半分ずつ色を変えて好きな色で丁寧に塗ってください」と指示します。

このようなトレーニングで、はみ出さない塗り方を集中的に学習します。

また別の日には、同じように図形を数個描いたあとに、順に色の濃淡をつけたりもします。図形を大小いくつかの円形にすることで、この絵をシャボン玉のようにしていくこともできます。輪郭線にそって数ミリは濃く色をつけ、徐々に中央に向かって色を薄くしていくのです。上手に塗れると本当にシャボン玉に見えます。

これらの練習を行いながら絵カード写しをすると、絵が苦手だった子どもたちも自信をもって色づけし、ますます上手になってきます。

絵や図を写す作業は学校の授業でもよく行われるものです。できなければ日常の学習活動に支障をきたします。しかし、これが改善できれば子どもたちの自尊心をまた1段階高めることができるのです。

支援する側は、自分の支援の成果が見えたときに喜びを感じるものですが、子どもが本当にうれしく感じるのは、支援に頼らずに自分の力だけでできたとき。そのことを忘れず、「1人で絵カードを仕上げる」という目標をサポートしてあげてください。

3
言葉を考える・作る・覚える

ステップ

3-1

聞いた言葉から考えて書く

最初の文字が同じ言葉を書く

↓

言葉をしりとりになるように書く

↓

最後の文字が同じ言葉を書く

ポイント

最初の文字が同じ言葉を書く

3文字言葉を読み上げ、子どもはそのまま書いたらすぐに、最初の文字が同じ文字で始まる3文字言葉を書きます。たとえば、「うさぎ」と書いたら「うしろ」と書きます。指示を最後まで聞いて正しく反応できることが目的です。

しりとりになるように書く

3文字言葉を読み上げ、子どもはそのまま書いたらすぐに、しりとりのように最後の文字で始まる3文字言葉を書きます。たとえば、「きつね」と書いたら「ねずみ」と書きます。思いつかないときは、空白にして次の問題にいくように指示します。

最後の文字が同じ言葉を書く

3文字言葉を複数個読み上げ、子どもはそのまま書き終えたら、その下に最後の文字が同じ文字で終わる3文字言葉を書きます。たとえば、「さんま」と書いたら「ひるま」と書きます。答えは1人ひとり違います。友だちが答えを発表するときに、自分と違う答えを下に書いておくのもいいでしょう。

先生が3文字言葉を読み上げます
3文字言葉をそのまま書いてください
うさぎ とかね 3文字.
そのまま…
そして書いたらすぐその下に上の文字が同じ文字の3文字言葉を考えて書いてください
同じ文字…
たとえば〝うさぎ〟と言ったら
うさぎと書いてその下に〝うなぎ〟とか〝うしろ〟と書いてください
うさぎ
うなぎ
うしろ
それでは始めますよ
こぐま
えーっとこぐまこ…こ…
こいし
こぐま
こいし
とけい
その調子です はい では次に行きます
こぐま
かがみ
とけい
こ!!
かぞく
とまれ
!
スラスラ

詳しいトレーニング方法は138ページ

トレーニングを学力アップへつなげる

トレーニングで伸ばしてきた「聞く力」。これが実生活でも発揮できるようになれば、学校の成績にも変化が表れ始めます。

下の成績表は、私のトレーニングを受けていた男子中学生の1年間のものです。なかなか伸びない成績を上げたいと教室に来ました。少しずつですが確実に成績が上がっていることは、本人が一番実感しているようです。

トレーニングにはまだまだ先があります。せっかく上がり始めた成績をさらに伸ばすために、内容もステップアップしていきましょう。

「聞き続けられる」のは重要なことですが、それさえできれば学力がアップするというわけではありません。次の目標は「聞いたことがすぐにわかる」こと。**「聞いたこと」をすぐに理解し、行動できること**を目指します。

	国語	数学	理科	社会	音楽	美術	保体	技家	英語
1学期	2	2	2	2	2	3	3	2	3
2学期	3	3	2	2	2	3	3	3	3
3学期	3	3	3	3	3	2	3	3	3

たとえば、「では、今から、赤鉛筆で、この問題をして、次に鉛筆でこちらの問題をしたら、この絵を半分だけ写して、隣の人に渡してください」と一気に伝えたとき、子どもたちの反応はどうなるでしょうか。

このような指示だけで、スムーズに行動に移せるようにすることが、以降のトレーニングの目標なのです。

これから始めるトレーニングでは、身の回りの3文字言葉と4文字言葉を使用します。言葉を聞き取ったうえで、指示の内容にすぐに正しく反応できることをメインの目標にします。指導者の指示の声そのものを課題として取り組んでいくのです。

では、3文字言葉を使ってトレーニングを始めていきましょう。

トレーニング⑱

最初の文字が同じ言葉を書く

ステップ 3-1
レベル ★☆☆

❶まず、以下のような指示を出します。

「これから、3文字の言葉をたくさん言います。よく聞いて書いてください」
「そして、書いたらすぐに、その言葉の下に上の文字が同じになる3文字言葉を考えて書いてください」

子どもたちの反応を見つつ、続けて今度は長い指示を出します。

「たとえば、『うさぎ』と言われたら『うさぎ』とすぐに書き、続けてその下に『う』から始まる3文字言葉を書きます。『うなぎ』や『うしろ』などですね。わかりましたか？」

（例：㋒さぎ→㋒なぎ、㋙ぐま→㋙いし、㋣けい→㋣まれ）

子どもたちの活動は、3文字言葉を書くことと考えることですが、指導のねらいは〝指示を最後まで聞いて、正しく反応できているかどうか〟です。指示を正しく理解できたときに、活動も正しくできることになります。

❷ここで問題になるのが個人のスピードです。なかには3文字の言葉を思いつくのに時間がかかる子がいます。早く終わった子にとって友だちを待つのは

よい練習ですが、待ち時間が長すぎると集中が途切れてしまいがちです。

よって次のような指示を出します。

「早くできた人はもう1つ考えてください」

このようにして、上の文字が同じになる3文字言葉を2つ書かせるなどしてください。

19 トレーニング

しりとり言葉を書く

ステップ 3-1

レベル ★★☆

1 少し長い指示を連続して出します。子どもたちの様子をよく観察してください。

「今から私の読み上げる言葉をそのまま書きます」

「そして、すぐその下に、しりとりになるように3文字言葉を書いてください」

「あまり時間をおかずに問題を読み上げますので、ゆっくり考えている時間はありません」

「『きつね』と聞いたら、すぐに『ねっこ』と書いたり、『ねずみ』と書いたりしてください」

「どうしても思い浮かばないときは、空白にしておいて、次に読む言葉を書い

てください」

子どもたちが、指示の意味を理解していないようでしたら、黒板に3文字言葉としりとりの3文字言葉を書いて、補足説明をしてもいいと思います。

② そして、すぐに言葉を10語ほど読み上げます。

「かがく……みどり……ぶどう……あした……うきわ……」

しりとり言葉をなかなか思いつかない子もけっこういますが、だんだん上手になってくるので心配はいりません。励ましながら続けてください。

子どもたちのなかでスピードに差が見られるときは、速くできそうな子どもにあらかじめ

「○○さんと、○○さんはしりとり言葉を2個ずつ書いてくださいね」

と伝えてからスタートすると、その子たちもいっそう頑張るはずです。

20 トレーニング

最後の文字が同じ言葉を書く

ステップ 3-1
レベル ★★☆

① もう一段階レベルを上げましょう。

「今から私の読み上げる3文字言葉をそのまま書きます」

「そして、全部読み上げ終わったらすぐに、3文字言葉の最後の文字と同じ文字で終わる3文字言葉を考えて、その下に書いていってください」

「たとえば『さんま』の下に『ひるま』と書くようにしてくださいね」

「できたら、できましたと声をかけてください」

② そして、10語ほど読み上げます。

「かびん、ことば、ひよこ、めがね、あくび……」

これらの指示を、聞いただけで理解して、全員が作業できることが目標です。十分にできるようになったら、4文字言葉でも同じように進めてみると難易度が上がります。

トレーニング㉑

ランダムな指示に対応する

ステップ 3-1
レベル ★★★

このレベルでは、新しい指示の活動はありません。3文字言葉のトレーニング⑱〜⑳の指示「最初の文字が同じ」「しりとり」「最後の文字が同じ」をランダムに出していき、これに正しく対応することが求められます。活動内容はすでに学習しているので、子どもたち本来の聞き取り力や集中力が見えてきます。

トレーニング㉒

友だちの答えを聞いて書く

ステップ 3-1
レベル ★★★

友だちの答えを聞き覚えて、自分の答えの下に書き加える活動です。

トレーニング⑱〜㉑のいずれかが終わったら、

「これから、○○さんの答えを最初の5つだけ聞きます。みんなはその答えを覚えておいて、自分の答えの下に書いてください」

「では、○○さん、答えをゆっくり読んでください」

子どもたちは5つとも、全部書けているでしょうか？　ここでは、指導者である大人ではなく友だちの話も聞くことを練習します。

また、自分と友だちの答えが違う、考え方の違いがあることにも気づくことになります。


これらのトレーニングをとおして、しっかり聞けば正しく作業できることを子どもたちに実感してもらいます。

あたり前のことですが、指示を正しく聞けない子どもは、みごとに間違えます。最後の文字が同じになる3文字言葉を考える指示なのに、最後の文字を頭にしたり、しりとり言葉を書いたり。他にも、読み上げられる3文字言葉をそのまま書き、すぐにしりとり言葉を書くべきところで、「何の文字を抜くんですか?」と質問したり。

ときには、活動は正しくできていたのに、答え合わせが始まったことに気づかず、最初の2、3語が過ぎてからあわてて答え合わせに参加する子どももいます。

このように、まだ〝聞き取れなさ〟が残っている間は、学習は「聞く力」がないことによって妨害されたままだと考えられます。「聞く」集中力を持続し、いつでも正しい活動ができるように意識づけていきましょう。

ステップ

3-2

反対語を考えて覚える

3 文字言葉の反対語を書く

↓

3 文字言葉の反対語を覚える

ポイント

3文字言葉の反対語を書く

読み上げた3文字言葉を書いたら、それぞれを漢字にして書き足します。さらに反対の意味の言葉をひらがなで書き、さらにそれを漢字で書くよう指示します。書けない場合はパスしてとばすことも忘れず指示します。つまずいて立ち止まらずに学習をスムーズに進めるのもスキルの1つです。

3文字言葉の反対語を覚える

前トレーニングで答え合わせをしたあとに、漢字テストを行います。トレーニングが終わるとすぐに忘れてしまうようでは、学習に結びつきません。1回のトレーニング内で覚えることを目標にします。テスト前に答えを見せながら書いて覚えるという練習を入れるのもよいでしょう。

新しいページに
1行おきに
5番まで番号を
つけてください
1行おきに
1、2、3…と
番号をつけて
ください
全員書けましたね
では
1から順に
いまから言う
言葉をひらがなで
書いてください
1番、あさい
2番、ぬぐ
3番、うる
4番、ふえる
5番、ごぜん
1 あさい
2 ぬぐ
3 うる
いま書いた言葉の
漢字がわかる人は
その横に
書いてください
1 あさい 浅い
2 ぬぐ 脱ぐ
3 うる
うるは
売る
ぬぐ…?
ぬぐの
漢字…

詳しいトレーニング方法は150ページ

指示を聞き取る力をつける

指示を聞き取る力の弱さが教室での学習活動に与える影響については、すでに理解していただいていることでしょう。指示を聞き違うと、自動的に間違った行動をとることになってしまいます。これでは十分な学習機会が得られません。

間違った行動の原因は、聞き間違いだけではありません。一度は聞けていたとしても、それをすぐに忘れてしまっては、なかなか指示どおりに行動できません。人の指示は〝声〟ですから、何かに書かれた文字とは違ってすぐに消えてしまいます。そのため、指示の全容を理解するにはその場の記憶力、いわゆるワーキングメモリが必要になるのです。

さらに、「聞く力」と「記憶力」に加えて、記憶したことを「理解する力」も必要です。これらがセットになってはじめて、指示に従って適切な行動がとれるようになるのです。

ここからのトレーニングのテーマは、**理解につながる「指示を聞き取る力」をつけること**。子どもは大人からの指示を理解し、その内容に応じた作業を考えながら続けなければなりません。

必要な事項はすべて記憶できること。この高い目標を目指すトレーニングです。

聞いて考える「反対語」

これまでの数字や3文字・4文字言葉のトレーニングで、子どもたちは考えながら聞くことができるようになってきました。使用した言葉は日常的なもので、子どもたちがイメージしやすいものを選んできました。

しかし、今回のトレーニング課題では、子どもが日常的に接することが少ない言語も含まれています。子どもたちは、それらの言葉をイメージして課題に取り組まなければなりません。

早速トレーニングをスタートしていきましょう。

㉓ トレーニング

反対語を書く

ステップ 3-2
レベル ★★☆

❶ まず、子どもたちに以下のように指示します。

「国語ノートの新しいページに、1行おきに5番まで番号をつけてください」

これは今までのトレーニングにはなかった新しい指示です。ノートを確認し、できていない子がいる場合は、ノートの行を指さしながら**「1行おきに1、2、と番号をつけてください」**と説明を繰り返します。

この説明は、理解できないと思われるときだけにします。聞いてないことが理由でできなかったときは、聞くように注意するだけにします。

❷ そして、全員がノートに番号を正しく書けたら、

「1番から順に、いまから言う言葉をひらがなで書いてください」

と伝え、番号と言葉を読み上げます。

「1番、あさい」

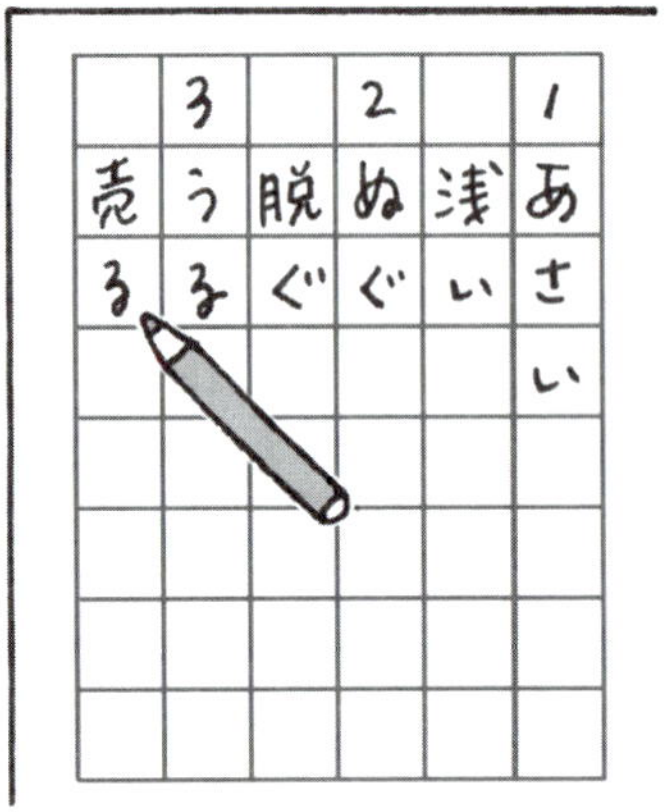

「2番、ぬぐ」
「3番、うる」
「4番、ふえる」
「5番、ごぜん」

③ さらに指示を追加します。

「いま書いた言葉の漢字がわかる人は、漢字をその横に書いてください」

④ ここまでやったら一度答え合わせをします。大人が黒板に正しい漢字を書いてください。書けなかった子どもたちは、黒板を見て漢字を写します。

これは、学校の教室で行われているのと同じ、「書く」、「見る」、「考える」、「黒板を写す」、という作業です。ここに、さらに「覚える」を追加します。

⑤ 次に、以下の指示を出します。

「いま書いた1番から5番までの言葉の下に、反対の意味の言葉をひらがなで書いてください」

「わからないところはパスしていいですよ。できた人は、『できました』と言ってください」

この「わからないところをパスする」習慣はとても重要なのです。

学習に問題のある子どもたちのなかには、1つの問題に時間をかけすぎたり、わからないところで止まってしまったりするために、他の問題ができない、ということが驚くほどたくさんあります。「パスできる」ことは学習活動をスムーズにしてくれるスキルの1つなのです。

今回の反対語の問題も、実際にやってみると驚くような答えが出てくることがあります。なかには、「いさあ、ぐぬ、るう、るえふ、んぜご」とかな文字を逆から書いただけということも。相手の指示の内容を正確に理解するというのは、私たちが考えるよりもずっと難しいことなのです。

反対語は書いたら覚える

ここまでのトレーニングは、以下の3つのステップでした。

最初は誰もが知っていそうな簡単な言葉から始めます。わからずにパスしたところは、黒板を見ながら写します。

1 ノートに番号を1行おきに5番まで書く。

❷ 読み上げられた言葉をひらがなで書き、その横に漢字を書く。
❸ 反対の意味の言葉を考えてひらがなで書き、その漢字を書く。

これにもう1ステップ追加しましょう。

③まで終わったらすぐに、いま書いたばかりの反対の意味の言葉すべての漢字をテストするのです。子どもたちの「えー！」という叫び声もおかまいなしです。紙を配り、「書いたら覚える。じゃあ、なんのために書いたの？」と、なかば強引にテストをスタートします。

㉔ トレーニング 反対語を覚える

ステップ 3-2
レベル ★★★

❶ まず、紙に名前を書かせ、その上方に5番まで番号を書かせます。
❷ そして、以下のような指示を出します。
「いまから読み上げる言葉を、最初から全部漢字で書いてください。でも、どうしても思い出せないときは、ひらがなで書きます」
❸ 次に先ほどの「反対語を書く」トレーニングとは違う順で問題を読み上げます。
「1番、売る」

「2番、午前」
「3番、脱ぐ」……

子どもたちは全部書けたでしょうか？

4 さらに指示を追加します。

「では、その下に、反対の意味の言葉を漢字で書いてください」
「全部できた人は提出してください」

漢字が思い浮かばず、どこかであきらめなくてはならない子どももいます。全員100点が取れるとよいのですが、すぐには難しいかもしれませんね。

反対語のトレーニングでは、自分がノートに書いた言葉を覚えることが課題となります。「書いたけど、あまり頭に残っていない」のでは、ただのらくがきになってしまいます。

トレーニングを受けに来る子どもたちのなかには、「書くだけ」「読むだけ」で、「理解」や「記憶」には至っていないケースがよく見られます。厳しいようですが、トレーニングでは1回で覚えることを目標にしていきましょう。

使用する言葉には子どもたちがまだ学校で習っていないものも含まれているので、最初からすべて覚えるのは難しいはずです。実際、部首が間違っていたり、送りがなが抜けていたり、なかには答えがすっぽり抜けているところがあったりと、一度で100点とまではいきません。

また、学習に困難を抱えている子どものなかには、特に漢字が苦手だという子がいます。これには集中の問題もありますが、「できている！」と過信していることも一因かもしれません。本人はよく見たと思っていても、実際には細部までよく確認できていないのです。

そこで私は、テストの前に〝テストの練習〟をするようにしています。黒板に答えを書いたまま、テストをするのです。わからないときは見てもよいかわりに、もう1回だけ多く書き、覚えるという約束をします。その後の本番のテストでは、より慎重に取り組めるようになっているはずです。

「今日は絶対100点だ！」と自信満々で提出したテストが、採点してみると残念な結果であることもしばしば。

正しく覚えるという習慣は、なかなか自然には身につきません。「聞く」「書く」「覚える」をセットにトレーニングを重ねていきましょう。

ステップ

3-3

単語から文章を考える

絵カードから文章を考える

↓

漢字カードから文章を考える

↓

接続詞を指定して文章を考える

ポイント

絵カードから文章を考える
2~5枚の絵カードを見せて、描かれているものの単語を入れた文章を作らせます。意味のとらえにくい文章である場合は、ストーリーを作れるよう支援します。

漢字カードから文章を考える
2~5枚の漢字カードを見せて、その字を入れた文章を作らせます。意味のとらえにくい文章である場合は、ストーリーを作れるよう支援します。漢字を正しく書けるようになることも目標にしています。

接続詞を指定して文章を考える
3枚の絵カードを見せて、描かれているものと「だけど」などの接続詞を入れることを指定して文章を作らせます。接続詞の使い方が間違っている場合は、「だけど」などの役割を確認して、練習文を用意するなどします。

単語から意味のある文章を作る

ここまでのトレーニングでは、数字や言葉を単独で扱ってきました。しりとりや反対語など言葉同士を関連づける作業はありましたが、文脈を考えながら複数の言葉を組み合わせて使用するといった学習は行っていません。

ここでは、ステップアップして「文」を作成するトレーニングをしていきます。

学校では、国語の時間以外も文章で表現する活動が数多くあります。単語から想起して文を作る作業は、自分の考えを文章化するスキルの獲得につながります。

最初は、絵カードを利用したトレーニングから始めていきましょう。

25 トレーニング

絵カードを見て文を作る

ステップ 3-3
レベル ★☆☆

はじめに子どもたちに絵カードを2枚見せます。

「この2枚の絵カードに描かれている2つのものからストーリーを考えて、文章

を作ってください」

子どもたちは、提示された複数のカードを関連づけ、必要な助詞を考えながらまとめなければなりません。

まずは例を示します。

(例) りんご ＋ うさぎ カードを提示

↓

「うさぎがりんごを食べました」

(例) りんご ＋ うさぎ ＋ とんぼ ＋ えんぴつ カードを提示

↓

「うさぎがりんごを食べていたら、とんぼが飛んできてえんぴつで絵をかいた」

このように書けることが目標ですが、文の形にまとめるのは簡単なことではありません。

2枚から始めて、5枚の絵カード提示でもできることを目標にします。

以下は実際に子どもたちが作った文です。できる子にはさらに複雑な文を書くように指導します。

なかなか適切な文章にならない子どもの指導は、問題点を分析することが重要です。その問題点をどう改善するかが指導のポイントになります。

とら　木　ねこ

この3枚のカードを提示したときのAさんの作文です。

とらがいて木でねこがみんなであそんだ。

カードから単語を並べただけの意味のない文章に思えます。

そこで、Aさんには書く前にまず、お話を作ってもらうようにしました。1つではなく、いくつかストーリーを考える練習をしました。

提示したカードは以下の3枚です。

おに　うし　そり

指導を経て、できた作文が以下です。これなら大丈夫ですね。

おに が そり にのって うし に会いにいきました。

次は小学校高学年のBさんとCさんの作文です。以下の4枚のカードを提示して文を作ってもらいました。

たいこ　からす　ちりとり　さいころ

Bさん　たいこ の合図で からす は さいころ を ちりとり の中に入れた。

Cさん　掃除をしているおじさんが、紙で作った たいこ と さいころ をゴミとして ちりとり ではいていたら、からす が来てぐちゃぐちゃにされました。

問題はCさんの作文です。カードを並べただけではありませんし、「カラスが来てぐちゃぐちゃにされました」の部分も様子はわかるのですが、文章全体のまとまりに問題があります。

Cさんの作った文には他の課題でも同様の問題が見えました。

提示したカードは以下の4枚です。

はさみ　ほたる　えんとつ　あひる

Bさん　ある日の夜、1羽の あひる が はさみ をみつけた。しかし、あまりにも暗いので周りにいる ほたる の光を借りて えんとつ の中に入れた。

Cさん　はさみ で、あひる と ほたる を紙で作って えんとつ に入れてから燃えました。

Cさんの「えんとつに入れてから燃えました」は不自然な表現です。Cさんには、自分が作った文の前半、後半を分けて読み返すように指導しました。文全体のつながりを考えるために、文の内容を半分ずつしっかり頭に入れるようにアドバイスしたのです。その後、文のつながりを考えて文章を書き直すことができるようになりました。

自分の体験や気持ちを入れて文を作る

このようなカード数枚を用いた作文指導のあと、次はカード1枚で作文ができるようにします。続けて、作り話ではなく自分の本当の生活や気持ちを文に入れて作るように指導していきます。

たとえば、［とら］のカードを1枚提示されたら、「僕が［とら］を見たのは3年前で、家族でサファリパークに行ったときです」という具合です。

そして、これができるようになると、題名だけで作文ができるようになるのです。

26 トレーニング 漢字カードを見て文を作る

ステップ 3-3
レベル ★★☆

先ほどは絵カードでしたが、ここでは漢字カードを使用します。提示されたカードを使用して、同じように文を作っていきます。

(例) ［花］＋［水］カードを提示

← **「花に水をやりました」**

2枚から始めて、5枚のカード提示までできることを目標にします。

ここでは文を作成するだけでなく、漢字を正しく使うことも目標にしていきます。作文を苦手とする子どもたちのなかには、すべてをひらがなで書く子がいます。文を作りながら漢字を考えるのは彼らにとって大変なことなのです。

このようなケースでは、文を聞き取って書く練習もあわせて行います。簡単な文章ですが、必ず漢字を使わなければならない約束で書かせます。漢字をいくつ書けているか、正しい漢字が書けているかを確認します。

27 トレーニング

つなぎ言葉のある文を作る

ステップ 3-3
レベル ★★★

カード3枚を提示して、つなぎ言葉(接続詞)を使って文を作るトレーニングです。

たとえば、以下のように指示を出します。

「この3枚のカードを使った文を作ります。さらに『だけど』という言葉も使って文を作ってください」

からす **ちりとり** **さいころ** **「だけど」**

接続詞は、他に「しかし」「だから」「やっぱり」「それとも」なども提示します。

この課題に対するDさんの作文です。

Dさん　からす が さいころ を転がした。だけど、ほうきと ちりとり を使ってはいた。

Dさんとは、つなぎ言葉の役目を確認し、「だけど」の使い方をいくつか練習しました。

さらに、つなぎ言葉のない2つの文に正しいつなぎ言葉を入れる練習も行いました。

その後のDさんの作文が以下です。

Dさん　からす が ちりとり とほうきで さいころ をはいた。だけど、ちりとり から さいころ が落ちてしまった。

今度は、わかりやすい文になりましたね。

できないことには必ず理由があります。子どもが抱える問題、つまり、できない原因を見逃さないことが大切です。その点だけに注目したシンプルな指導は、子どもに伝わりやすいものです。ポイントを押さえた、わかりやすいアドバイスで子どもの力を伸ばしてください。

トレーニングのQ&A

Q トレーニングの対象はどんな子どもですか？

A 学習・行動で何か問題があると感じられる子どもたちに

まずは、ひらがなと数字が書ける子どもです。覚えたての場合は、書くことが負担になりますので、トレーニング時間は少しだけにしてください。トレーニングの後半は漢字が書ける子どもが対象となります。

ひらがな・数字が書ければ、学齢・年齢に関係なく実施できます。聞いていない、見ていない、覚えていないことで学習が思うように進んでいないと思われる子ども、学習がそれなりにできるけれども集中すればもっとできると思われる子ども、さらに、落ち着きのない子、気分の波が大きい子など、何か問題があると感じさせる子どもたちに効果的です。

Q 行動の問題が大きい場合でも実施できますか？

A まずは個別トレーニングからスタート

静かな環境で個別トレーニングからスタートしてみてください。

書くスピードの問題、トレーニングを途中で投げ出してしまう問題、開始前の意欲の問題と、さまざまな問題があると思いますが、子どもに合わせて少しでも進めることが必要です。

グループでは、その子の行動が他の子どもの集中の妨げとなることがあります。しかし、そのような子にこそトレーニングが必要なのですから、その子を排除するようなことだけはしないでください。私は問題が減るまで個別トレーニングに変更し、その子の速度に合わせながら進めます。そして上手になってきたらグループに入れるようにしています。

Q 教室と家庭ではトレーニングのコツなど違いはありますか?

A 他の子どもたちの支援があるかないかで違います

教室で行う場合と家庭とでは、他の子どもたちからの支援があるかないかという違いがあります。この子どもたちの支援は、想像以上に大きいのです。

教室では、集中できている子どもたちの力を支援にします。家庭にはその支援はありませんが、静かな、緊張のない環境があります。ですが、教室にはない集中を妨げる物もあります。

だから、そのような物を見えないようにし、きょうだいがいれば一緒に行ったり、家族の大人と一緒にトレーニングすることも考えて、トレーニングを続けてください。

Q トレーニングの効果が出ない場合はどうすればいいですか？

A 効果が出ない理由を見つけ出す

訓練がうまくできない子や効果が見えにくい子には、必ず理由があります。

この点を忘れて、「このトレーニングは無理なのかも……」とやめてしまう方がいますが、それではその子の問題は解決されないままになってしまいます。うまくできない理由を丁寧に見つけていくアプローチが必要です。

実際の指導例をもとに、お話をしていきましょう。

数字を書き続けるトレーニング（トレーニング⑥）で、どうしても遅れてしまう小学1年生の男の子がいました。よく観察すると、3個目の数字を書くところまでは問題がありません。ところがそれ以上の数になると遅れ始めるのです。

たとえば、彼に以下のような指示を出します。

「今から5つの数を言いますから、止まらないで書くようにしてね」

そしてゆっくり「6、3、2、5、1」「4、8、9、0、2」と続けていきます。やはり、4つ目から遅れてしまいました。

そこで、まず本人に「3つまでは上手なのに、数が増えると遅れてしまいますね。どうしてかわかりますか？」と質問し、自分で理由を考えてもらいました。

しかし、わからない様子でしたので、次に他の子たちの書く様子をよく見てもらうことにしました。

すると、彼にもその子たちが5つの数字を聞き終わってから書くのではなく、聞きながら書いていることがわかりました。

自分が「聞きながら書くことが苦手」だとわかった彼は、そこを鍛えることに重点を置いてトレーニングを受けることになりました。その後、それほど時間がかからないで、彼は4個以上の数でも遅れることなく書けるようになったのです。

指導者の大人には、効果が出ないことの理由を発見し、根気よく解決していく姿勢が求められます。トレーニングがスムーズに進められるようになるまでこの子と一緒に頑張るのだという覚悟をもって、子どもとじっくり向き合っていきましょう。

ここまで紹介したトレーニングで使える数字や3文字言葉、4文字言葉、反対語の例を次ページから掲載しています。子どもの学年・学力などを考慮のうえアレンジして使用してください。

数字（例）

●1～10の数字例

4	6	3	9	9	6	7	9	10	9	2	8	9	10	4
3	10	5	2	6	7	9	3	10	6	1	3	1	1	3
2	7	3	7	1	6	5	10	1	4	1	4	9	6	3
10	1	4	10	4	10	2	4	2	4	2	3	7	2	1
8	3	8	7	8	7	2	6	7	5	8	3	2	7	9
6	3	7	1	4	10	3	5	3	6	9	10	1	6	7
5	8	7	10	8	7	2	4	6	9	4	7	8	4	3
1	3	10	8	2	1	3	5	8	1	8	1	6	7	1
7	9	10	6	10	6	5	1	5	1	4	2	4	8	4
10	6	8	1	2	9	6	4	10	7	2	9	8	4	8
3	7	8	7	3	9	3	1	3	1	6	4	6	2	9
4	8	7	9	1	9	7	8	4	7	8	9	1	3	10
1	8	4	5	10	4	6	2	3	7	4	8	5	9	2
9	1	8	9	10	6	9	3	9	7	6	9	3	6	9
2	4	2	9	6	2	4	8	4	6	2	3	2	4	8
1	9	1	10	2	1	6	9	6	10	7	10	3	9	1
4	8	2	8	9	2	6	7	1	10	9	1	3	5	7

●1～20の数字例

18	20	5	4	5	16	18	19	18	12	1	7	13	16	4
14	17	3	17	18	11	9	19	6	4	10	9	1	11	7
9	5	2	4	17	16	3	20	13	4	9	12	7	16	9
16	19	10	3	19	10	12	7	18	16	3	20	8	14	6
16	15	3	9	18	4	3	14	5	15	4	5	2	14	15
17	9	10	4	11	3	1	7	4	4	9	19	13	5	19
4	7	15	18	6	20	13	1	19	7	6	12	15	2	3
12	11	2	11	6	6	5	7	15	13	2	20	17	14	19
13	9	14	10	18	15	6	13	4	2	8	7	8	18	5
13	6	2	20	10	4	13	15	17	20	13	18	18	14	17
15	11	16	12	2	7	18	12	2	1	16	4	8	14	2
19	16	16	6	5	3	16	18	19	2	15	8	3	19	10
3	12	16	13	19	13	2	9	17	4	5	15	13	17	2
20	11	11	17	19	16	15	1	14	20	10	5	5	7	19
3	2	7	14	18	2	14	15	4	18	15	2	3	15	8
13	8	8	10	4	10	2	4	8	20	8	20	17	12	15
6	13	6	4	9	1	6	11	13	6	12	2	9	17	10

3文字言葉（例）

かもめ	しばい	てじな	とまと	くるみ	おんど	まつり	ごりら	いわし
あぶら	かぞく	かるい	うちわ	からし	かえで	へんじ	さくら	らんぷ
せいと	こびと	ほたる	わごむ	みどり	すすき	ふるい	つつじ	おなか
ことば	ほどう	さかな	ぶどう	つばき	まきば	みらい	あるく	しらす
ことり	けいと	はんこ	じしん	とりい	りんご	てがみ	ねずみ	ひとで
かぶと	よぞら	ぴんく	おもい	さしみ	りんす	ひめい	こゆび	おはぎ
じかん	つくし	むしば	ふしぎ	おわり	すずめ	さわぐ	めだか	いれば
みぞれ	みなみ	ねんど	あみど	ぼうし	うえき	むかで	はやし	ほくろ
くろう	あひる	おばけ	だんご	かるた	もみじ	からす	せいざ	かふん
こども	ほてる	いるか	だえき	おがわ	さめる	たたみ	しろい	あられ
くすり	かえる	きつね	つぼみ	まくら	かがく	へいわ	はなみ	きなこ
うさぎ	はたけ	ひよこ	もがく	ここあ	じめん	うなぎ	こころ	とけい
あいず	ちこく	らむね	けむし	たいこ	あした	いのち	かこむ	つつむ
かめん	ひつじ	ゆうひ	もぐら	つくえ	かたな	みずぎ	こいぬ	わごむ
はさみ	わかめ	ゆるい	はなび	はかる	いちご	はくい	げんき	かつぐ
きろく	うどん	みぎて	すもう	よみせ	あみど	あくび	めがね	くらげ
ふさぐ	たまご	わらう	とんぼ	ほうき	つばさ	くうき	すみれ	はだか
おこめ	あたま	くじら	もうふ	いかだ	まゆげ	けしき	あおい	あきち
でんわ	ふろく	ちくわ	はなぢ	うきわ	わかめ	ひかり	くらぶ	かびん
でんき	まつげ	のうか	あさひ	ざせき	けんか	さいふ	だるま	べんち
おはな	せなか	むすめ	りずむ	ほこり	きぼう	こあら	かやく	だいず
きむち	ふつう	すいか	めしべ	ふけつ	くるま	なふだ	ねむる	さとう
わらう	さんぽ	はんが	ますめ	きあつ	すてき	うるし	まずい	ひがし
むかし	ひたい	きまり	うわさ	てすと	きもの	らくだ	こむぎ	あんき
めろん	からい	おしべ	だんす	わおん	ほうき	うわさ	ねあせ	えもの

4文字言葉（例）

さかさま	ながさき	おいしい	きびしい	ごみすて	はんたい	いいわけ
いぎりす	あいさつ	つりざお	たべもの	ろうそく	うけとる	にほんご
ほうたい	からくり	ふみきり	いなずま	うんどう	もちごめ	いきがい
すいそう	ぴのきお	すいとう	えんそう	えんそく	きみどり	おんがく
ならべる	いぐあな	きんぞく	みみかき	こんぱす	ようかい	つなひき
たいふう	わきみち	ういんく	やきそば	いきつぎ	がいこく	おいつく
いんせき	めぐすり	あいどる	まえあし	いきもの	すたんぷ	ちりとり
ぬけがら	まちがい	まかせる	うらない	あおぞら	すぽんじ	えだまめ
なきむし	えんぴつ	やじるし	ぱぱいや	おむすび	まんもす	えきたい
なんぼく	ちかてつ	ままごと	すきやき	のりかえ	わくせい	せんたく
わけあう	たいやき	えいせい	ねころぶ	ましかく	りかしつ	くじゃく
とびばこ	わたあめ	ふりかけ	ちかみち	やくそく	ぬくもり	ついせき
うたごえ	やしのみ	えはがき	やどかり	さんがつ	うんてい	ないよう
かんどう	まかろに	うるさい	くちびる	まえがみ	ふくろう	とんかつ
うめぼし	しりもち	ねくたい	まんげつ	しあわせ	えいよう	さかだち
ろうどう	きいちご	くだもの	そらいろ	のみもの	なかゆび	やきとり
すいせい	うけつけ	かいさつ	きつつき	のうさぎ	しまうま	ぎんこう
くうそう	おおきい	きずぐち	さいころ	かさぶた	いきぎれ	ささのは
かまきり	すかんく	かんとく	なぞなぞ	ほうこう	まどがわ	はいいろ
やきにく	びんづめ	いきいき	いもむし	のんびり	いきおい	もんだい
たいせつ	ぬけあな	かいがら	やきいも	いきなり	いのしし	おうさま
たいくつ	ふうけい	えじぷと	こうかい	すいえい	みじかい	ゆうめい
いけがき	けいかく	なげなわ	てぶくろ	こおろぎ	きたかぜ	きんにく
そらまめ	いしころ	とらんぷ	ひこうき	かんむり	たいいく	はんどる
にがおえ	あさがお	ほうかご	たこあげ	まいにち	たまいれ	がいこつ

反対語（例）

細い⇔太い	古い⇔新しい	明るい⇔暗い
寒い⇔暑い	大きい⇔小さい	浅い⇔深い
上⇔下	上がる⇔下がる	長い⇔短い
多い⇔少ない	入口⇔出口	行く⇔来る
強い⇔弱い	高い⇔低い	遠い⇔近い
新しい⇔古い	午前⇔午後	暑い⇔寒い
勝つ⇔負ける	重い⇔軽い	動く⇔止まる
暗い⇔明るい	広い⇔狭い	安い⇔高い
押す⇔引く	良い⇔悪い	当たる⇔外れる
ある⇔ない	飲みこむ⇔はき出す	安心⇔心配
売る⇔買う	脱ぐ⇔着る	近づく⇔離れる
浮く⇔沈む	始まり⇔終わり	外⇔内
弱気⇔強気	落とす⇔拾う	戦争⇔平和
長所⇔短所	登校⇔下校	反対⇔賛成
戸外⇔屋内	熱い⇔冷たい	集合⇔解散
拡大⇔縮小	会う⇔別れる	昨日⇔明日
つかむ⇔はなす	片づける⇔散らかす	おいしい⇔まずい
好き⇔きらい	直線⇔曲線	裏⇔表
幸福⇔不幸	苦手⇔得意	勝利⇔敗北
最後⇔最初	得る⇔失う	失敗⇔成功
自然⇔人工	欠席⇔出席	不便⇔便利
楽しい⇔苦しい	欠点⇔利点	不満⇔満足
北極⇔南極	原因⇔結果	有利⇔不利
開ける⇔閉める	進む⇔退く	必要⇔不要
基本⇔応用	最高⇔最低	卒業⇔入学

おわりに

　私がトレーニングをしているときは、いつも子どもの行動をしっかり観察するように努力しています。観察はどの教育現場にも不可欠。でも、1つの教室で同じ課題を同時に進める私のトレーニングでは他にはない観察効果が得られます。それは、学習を妨げる「行動」を発見できることです。みんなが同じ行動をしているので問題行動の発見がとても容易になるのです。

　たとえば、答え合わせでも問題行動がよく見えます。ある4年生の男子は、数字もかな文字のトレーニングも指示どおり間違わずにできました。ところが、答え合わせは必ず出遅れるのです。自分が書いている間は集中できているのに、手が止まったら聞くことも止まるようです。この作業と作業の間の軽い集中ができれば、本来の力をもっと発揮できるようになるでしょう。

　教室へ母親と新幹線で通ってくる男子。彼はノートに×をつけるのが大嫌いで、隣の子と答えが違うことがわかれば自分の答えのほうが合っているかどうかを確かめもせずに急いで書き直すのです。テストのときも隣を見て書き直すのですから深刻です。

　そこで、彼のこの行動を改善するためにいくつかの対策を考えました。

まず、周りの子から少し席を離しました。次に、書き直せないように消しゴムを預かりました。でも、消しゴムが同じ場所にないことで大騒ぎになったので、ほんの少しだけ移動した位置に置き、その消しゴムを使えないように指で抑えました。

でもそれよりももっと大切なことをしました。

彼は、答えが○なのか×なのかがわからないくらいのおおまかな聞き方をしていると考えられたので、彼のためにトレーニング方法を少し変えました。数字をほんの少し読み上げたら答え合わせをするのです。最初は1つだけ。これなら隣の答えを見る必要もありません。慣れたら2つというようにしました。これで、ようやく正しく聞いて書く行動が定着します。

×が嫌いなのには原因がありますが、問題行動はだめです。学習を妨害する問題行動をそのままにしていれば、社会で生きるときにも出てしまい、仕事を妨害する可能性も出てきます。

問題を改善することで、本来の力が出せるようになります。私は、子どもたちの発達検査は、このような問題行動のいくつかが改善されたあとに実施するようにしています。その子本来の力を見たいからです。

トレーニングと観察。そこから問題行動の改善が始まり、その子本来の力が見え始めます。必要とする本当の指導ができるようになるのは、そこから先と考えています。

学研の
ヒューマンケア
ブックス

子どもの集中力を育てる
聞くトレ

2015年11月10日　第1刷発行
2018年 2 月 2 日　第5刷発行

著者　上嶋　恵
発行人　川田夏子
編集人　坂岸英里
企画編集　相原昌隆
編集協力　小林みやび
イラスト　マツカワチカコ
デザイン　ソヤヒロコ

発行所　株式会社　学研プラス
〒141-8415　東京都品川区西五反田2-11-8
印刷所　株式会社　リーブルテック

この本に関する各種お問い合わせ先
【電話の場合】
●編集内容については　Tel 03-6431-1576（編集部直通）
●在庫、不良品（落丁、乱丁）については　Tel 03-6431-1250（販売部直通）

【文書の場合】
〒141-8418　東京都品川区西五反田2-11-8
学研お客様センター『子どもの集中力を育てる聞くトレ』係

●この本以外の学研商品に関するお問い合わせは下記まで
Tel 03-6431-1002（学研お客様センター）

©Megumi Ueshima 2015 Printed in Japan

本書の無断転載、複製、複写（コピー）、翻訳を禁じます。
本書を代行業者等の第三者に依頼してスキャンやデジタル化することは、
たとえ個人や家庭内の利用であっても、著作権法上、認められておりません。

複写（コピー）をご希望の場合は、下記までご連絡ください。
日本複製権センター http://www.jrrc.or.jp/　E-mail：jrrc_info@jrrc.or.jp　Tel：03-3401-2382
Ⓡ<日本複製権センター委託出版物>

学研の書籍・雑誌についての新刊情報・詳細情報は、下記をご覧ください。
学研出版サイト　http://hon.gakken.jp/